Basteln für den Frühling und Ostern macht so viel Spaß!
Mit nur **einer Grundanleitung** kannst du superleicht **16 verschiedene** Faltschnittmotive aus Papier zaubern. Egal ob süße Bienen, tolle Schmetterlinge, bunte Blumen oder niedliche Hasen – hier findest du für den Frühling, Mutter- und Vatertag sowie Ostern die richtige Vorlage. Zum Ausschneiden und Verschenken gibt es **acht Geschenkanhänger** in diesem Buch, mit denen du deinen Freund*innen und deiner Familie eine Freude machen kannst. Lass dich von den tollen Tipps überraschen, was du mit deinen Motiven noch anstellen kannst. Du wirst begeistert sein, wie viel Spaß es macht, Fensterbilder, kleine Geschenke oder Girlanden zu basteln.

Dank der **88 farbenfrohen Bastelpapiere,** die du hinten im Buch findest, kannst du gleich mit dem Falten und Schneiden loslegen. Durch die Markierungen auf den Papieren wird der Bastelspaß kinderleicht.

Also, worauf wartest du? **Los geht dein basteltastischer Frühling!**

GRUNDANLEiTUNG

Mit dieser Grundanleitung kannst du alle 16 Faltschnittmotive basteln. Die Schritte 1–7 sind bei allen Motiven gleich. Die verschiedenen Bilder entstehen durch die unterschiedlichen Muster, die in Schritt 8 ausgeschnitten werden.

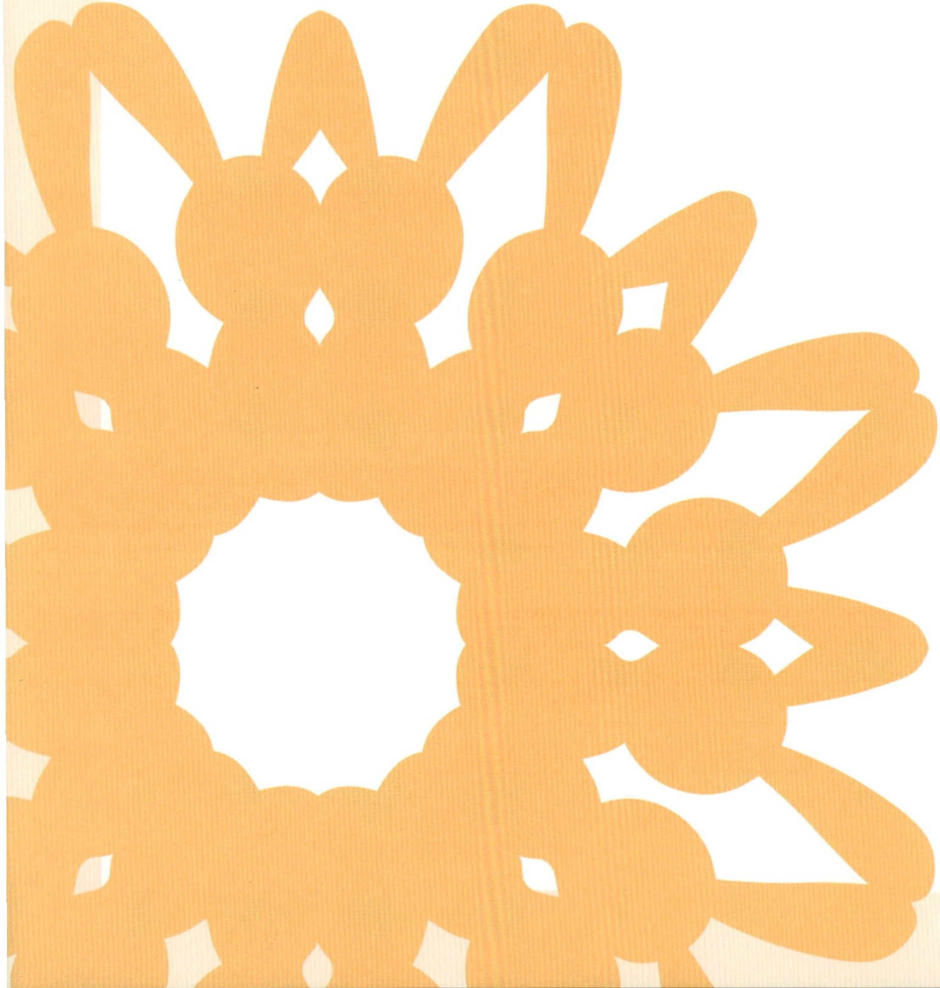

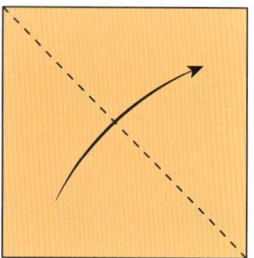

1. Falte die linke untere Ecke auf die obere rechte Ecke.

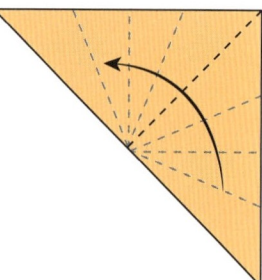

2. Falte dann die rechte untere Ecke auf die linke obere Ecke.

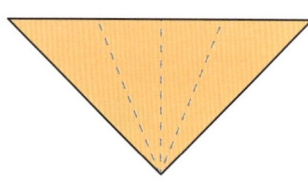

3. So erhältst du wieder ein kleines Dreieck. Die beiden offenen Seiten zeigen nach links.

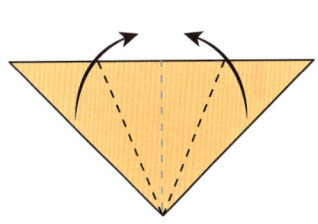

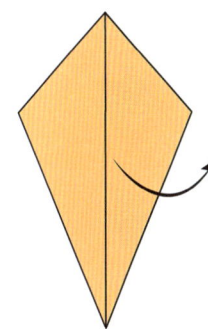

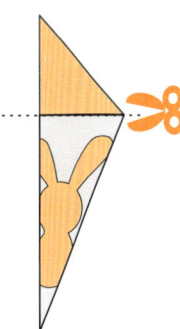

4. Nun faltest du die linke und rechte Seite, wie gezeigt, zur Mittellinie.

5. Die linke Seite deines kleinen Drachens faltest du nun entlang der Mittellinie nach rechts.

6. Danach schneidest du die oberen kleinen Dreiecke, wie gezeigt, ab.

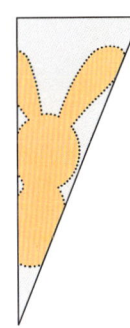

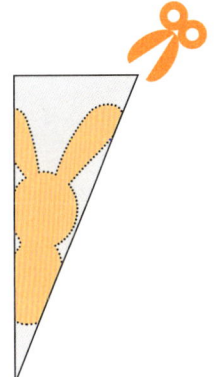

7. Es bleibt nun ein kleines spitzes Dreieck übrig.

8. Jetzt kannst du die grauen Flächen wegschneiden.

9. Anschließend faltest du das kleine Dreieck komplett auseinander. Überraschung!!!

TiPP:
Mit einem Locher kannst du ganz einfach die Augen der Motive ausstanzen.

BLUMEN

PRiMEL

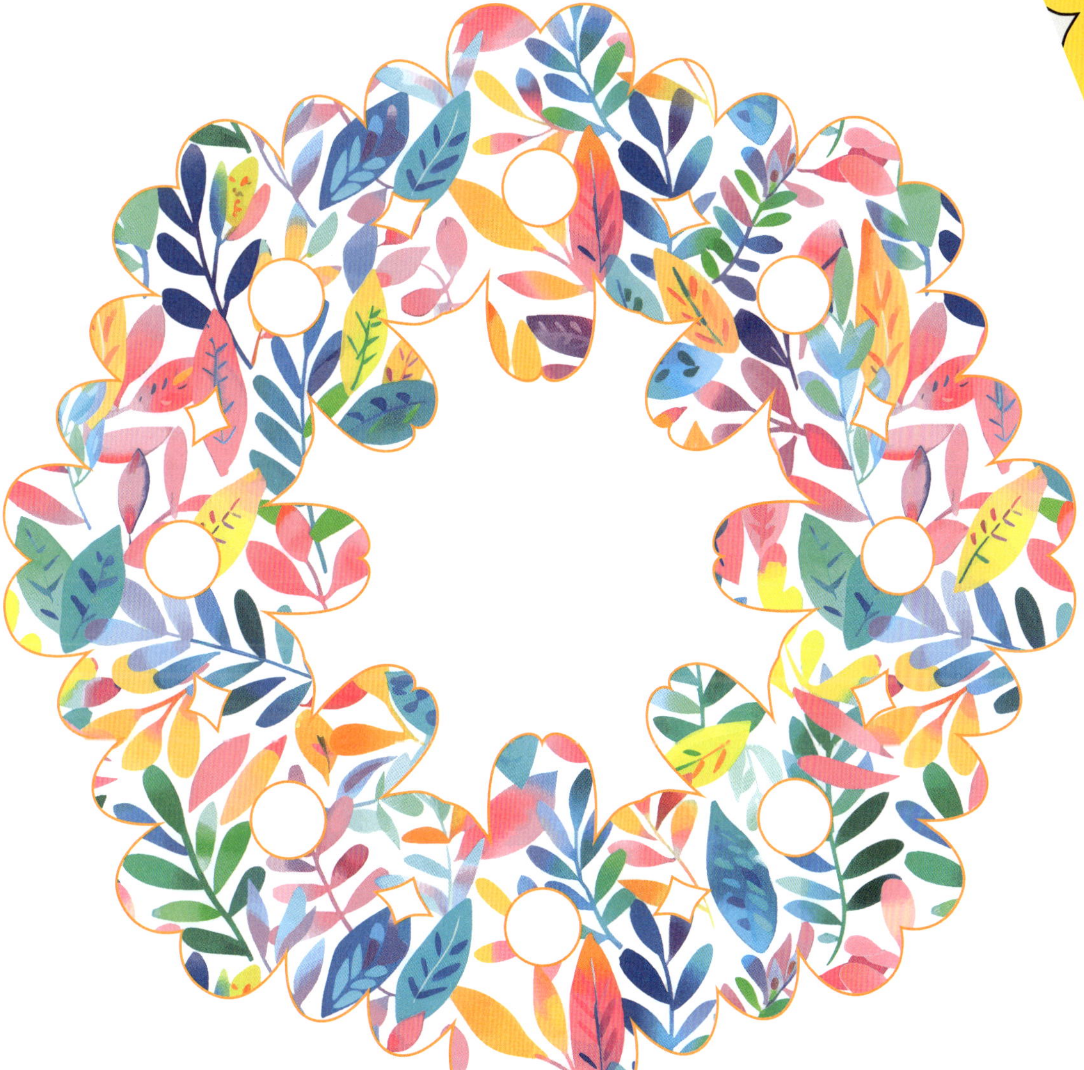

FRÜHLINGSHAFTES
FENSTER

Wenn die Frühlingssonne strahlt, erwachen die bunten Blumen aus dem Winterschlaf. Bald leuchten auch die bunten Ostereier an den Bäumen und Büschen mit der Frühlingssonne um die Wette. Feiere den Frühling und dekoriere ein Fenster mit deinen gebastelten Blumen.

Klebe dazu deine Figuren mit Tesafilm an die Fenster. Dabei kannst du auch aus den einzelnen Figuren ein Muster gestalten. Vielleicht schaffst du es ja, aus all deinen Blumenblättern einen großen Blumenstrauß zusammenzustellen.

Mit Fenstermalfarben kannst du noch weitere Motive und Muster zeichnen und das Fenster verschönern.

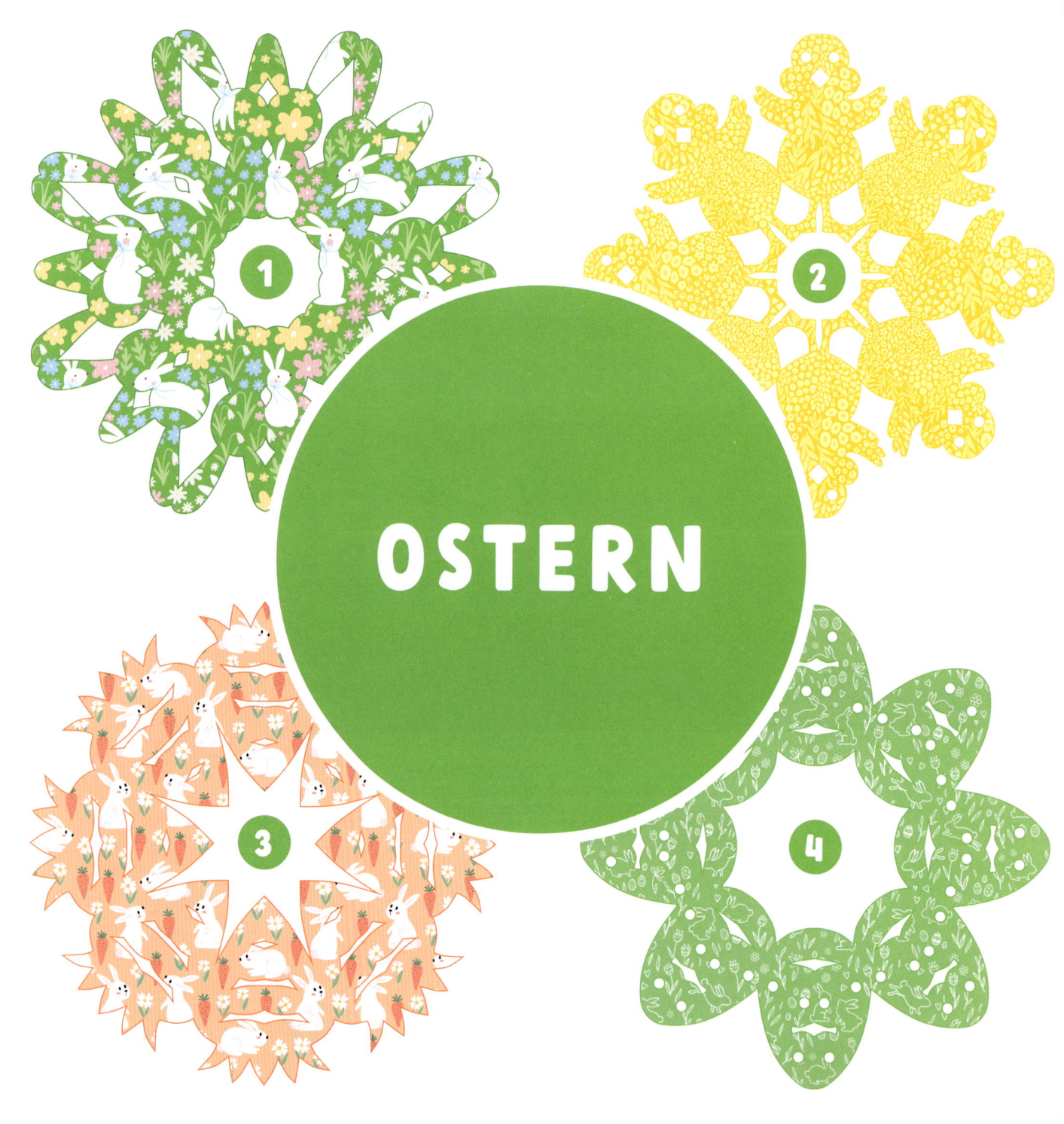

OSTERN

HASE

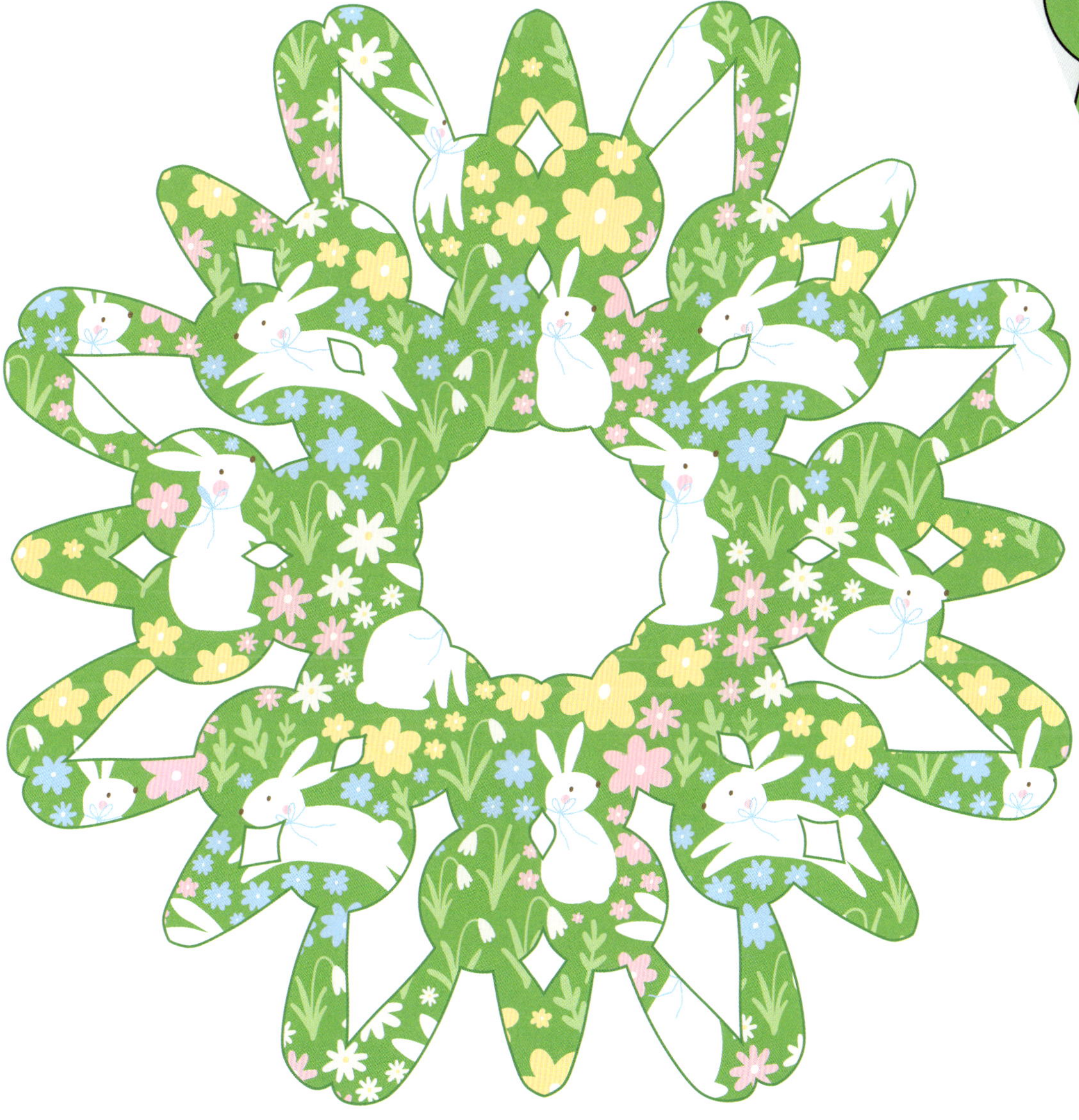

ORIGAMI-LAMM

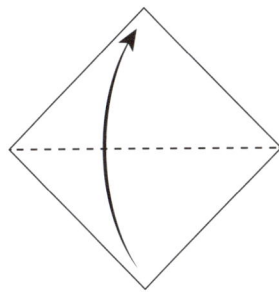

1. Falte die untere Ecke auf die obere Ecke.

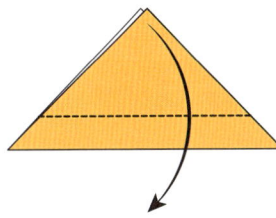

2. Falte die beiden oberen Spitzen, wie gezeigt, nach unten.

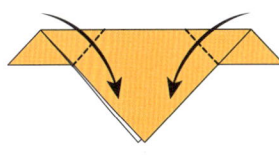

3. Falte die beiden Lammohren ebenfalls nach unten.

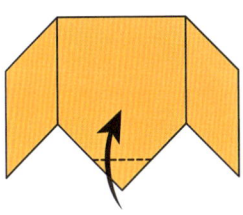

4. Falte das Kinn, wie gezeigt, ein Stück nach oben.

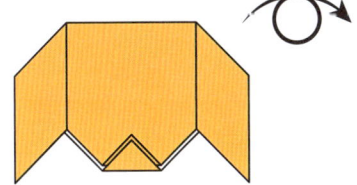

5. So sieht dein Lämmchen von hinten aus ...

6. ... und so von vorne. Male ihm noch ein Gesicht auf und fertig!

MUTTER-
UND
VATERTAG

BLUME (HERZFÖRMIG)

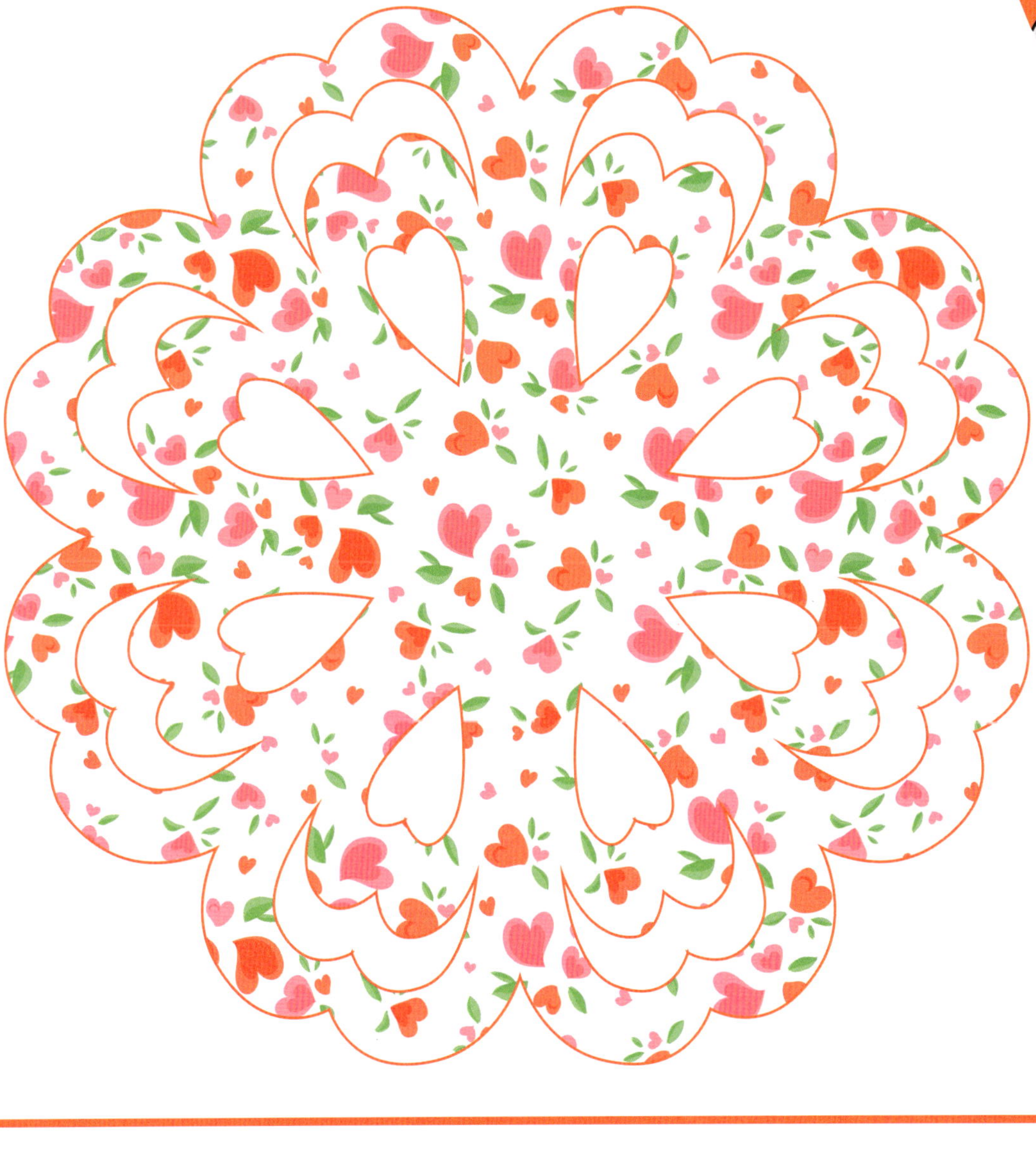

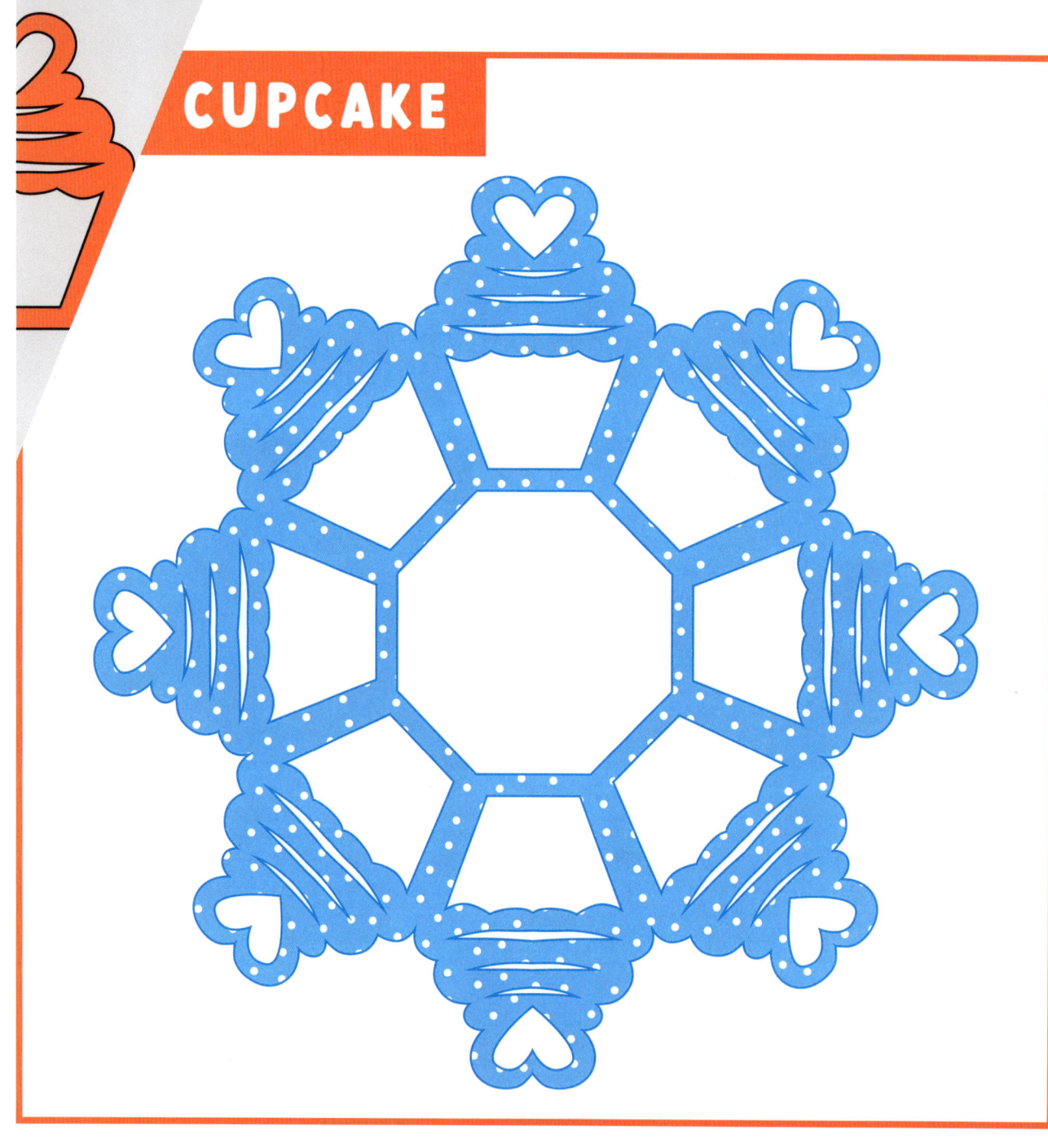

GESCHENKE FÜR
MUTTER- UND VATERTAG

Mutter- und Vatertag kommen schneller als man denkt. Wie wär's, wenn du deine Geschenke für Mama und Papa mit deinen tollen selbst gebastelten Figuren verzierst.

SO GEHT'S:

Verpacke deine Geschenke in einem einfarbigen Papier. Klebe dann mit einem Kleber eine Figur deiner Wahl auf das Geschenk. Pass dabei auf, dass deine Basteleien nicht zerreißen.

Wenn die Geschenke zu klein sind, kannst du deine Bastelei einfach zerschneiden. So kannst du die Blumen oder Cupcakes einzeln aufkleben.

Sieht das Geschenk trotzdem noch leer aus? Dann male noch viele kleine Herzen auf das Geschenkpapier.

TiPP:
Klebe die Geschenkanhänger aus diesem Buch auf deine Geschenke. So weißt du, wer welches Geschenk bekommt.

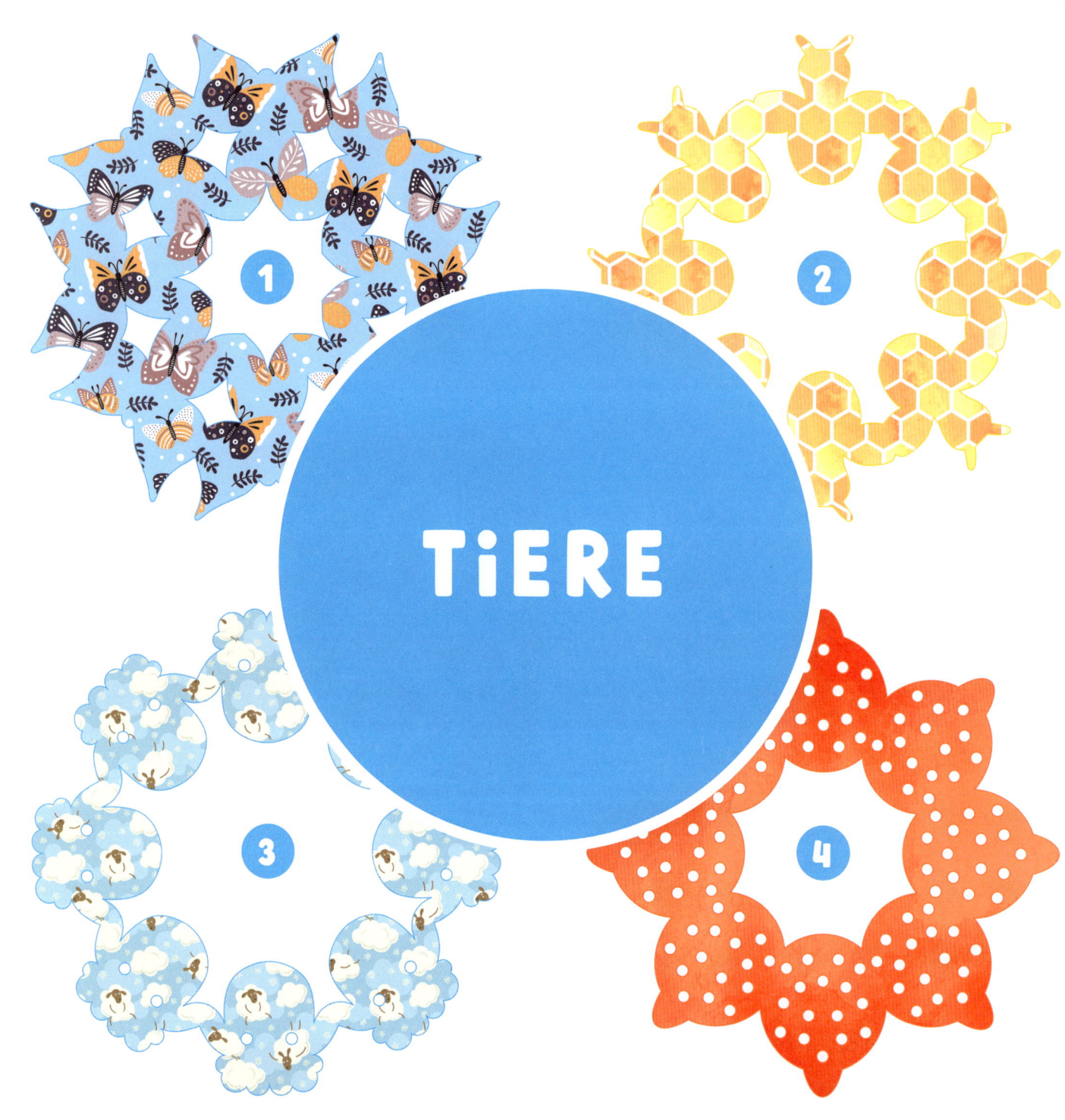

TiERE

TIERISCHE DEKO

Du hast so viele coole Tiermotive gebastelt! Mache daraus eine wunderschöne Dekokette für dich selbst oder verschenke sie. Besonders toll wird sie, wenn sie schön bunt ist. Dafür kannst du draußen viele verschiedenfarbige Blumen sammeln. Wenn du möchtest, kannst du auch eine Kette für das ganze Jahr basteln.

SO GEHT'S:

1. Schneide einen langen Faden ab.

2. Stich in jedes deiner Motive ein kleines Loch. Am besten nimmst du dafür eine Nadel, damit man das kleine Loch später nicht sieht.

3. Fädle jetzt den Faden durch deine Motive und auch durch die Blumen, wenn du welche gesammelt hast. Mache unter jedes Motiv und Blüte einen kleinen Knoten, damit nichts herunterrutscht.

4. Jetzt kannst du deine Dekokette mit dem Klebeband aufhängen.

DU BRAUCHST:

- Mindestens vier gebastelte Scherenschnittmotive
- Faden
- Schere
- Nadel
- Klebeband

TIPP:

Du kannst die Ketten auch an einem Stock aufhängen und daraus ein Mobile basteln.

IMPRESSUM

Bibliografische Information der Deutschen Bibliothek.

Die Deutsche Bibliothek verzeichnet diese Publikation in der Deutschen Nationalbibliografie.
Detaillierte bibliografische Daten sind im Internet über http://www.dnb.de/ abrufbar.

EIN BUCH DER EDITION MICHAEL FISCHER

1. Auflage 2025

© 2025 Edition Michael Fischer GmbH, Donnersbergstr. 7, 86859 Igling

Covergestaltung: Mirjam Höschl
Layout, Satz: Carolin Mayer, Mirjam Höschl
Produktmanagement und Lektorat: Nina Schlager
Grundanleitung: Ina Mielkau
Modelle: Nina Schlager
Origami-Lamm: Thade Precht

Bildnachweis:
Anleitung und Dekorationen: © Sonium art/Shutterstock, © Zarit/Shutterstock, © Realstockvector/Shutterstock
Papiermuster: Sämtliches Bildmaterial stammt von Shutterstock: © Ann.and.Pen, © Kokuloku Studio, © Dernkadel, © Nadezda Barkova, © MOJX Studio, © rosypatterns, © TALVA, © Ekaterina_Vakulko, © bwipavadee28, © Grey Kitten, © Slanapotam, © Tatiana Yevstratova, © Tamiris6, © Shirstok, © Yogi Isnanda Putra 71, © Nadia Grapes, © EV-DA, © Liliana Danila, © K N, © C Design Studio, © Alena Shenbel, © Dariia Baranova, © NTRdesign, © Lana mrs, © Carolina Terranova, © jennylipets, © pollyless, © Gabriyel Onat, © Tonia Tkach, © Pravokrugulnik, © Tani Kuzminka, © KSEN PE, © Rolau Elena, © VasilkovS, © m.louise, © Yuliia Tkachuk, © Ksenia Lokko, © Taisiya Kozorez, © silm, © mmalkani, © Kashmira Jayaprakash, © Tetiana works, © jakkapan, © Veranika Dzik, © LittleMiio, © ck_art_collection, © Olga_Angelloz, © antalogiya, © Tashsat, © Olga2409, © Anne Punch, © Anastasia_Andreeva_G.

ISBN 978-3-7459-1848-9

Gedruckt bei C&C Offset Printing Co., LTD., 14/F, C&C Building, 36 Ting Lai Road, Tai Po, N. T. Hong Kong, China

www.emf-verlag.de

GESCHENKANHÄNGER

Schneide die Geschenkanhänger aus und beschrifte sie. Dann kannst du sie an deine Liebsten verschenken.

TiPP:
Stanze die Löcher mit einem Locher aus und fädle eine Schnur oder Geschenkband hindurch. So kannst du die Anhänger an deinen Geschenken befestigen.

GESCHENKANHÄNGER

Schneide die Geschenkanhänger aus und beschrifte sie. Dann kannst du sie an deine Liebsten verschenken.

TiPP:
Stanze die Löcher mit einem Locher aus und fädle eine Schnur oder Geschenkband hindurch. So kannst du die Anhänger an deinen Geschenken befestigen.

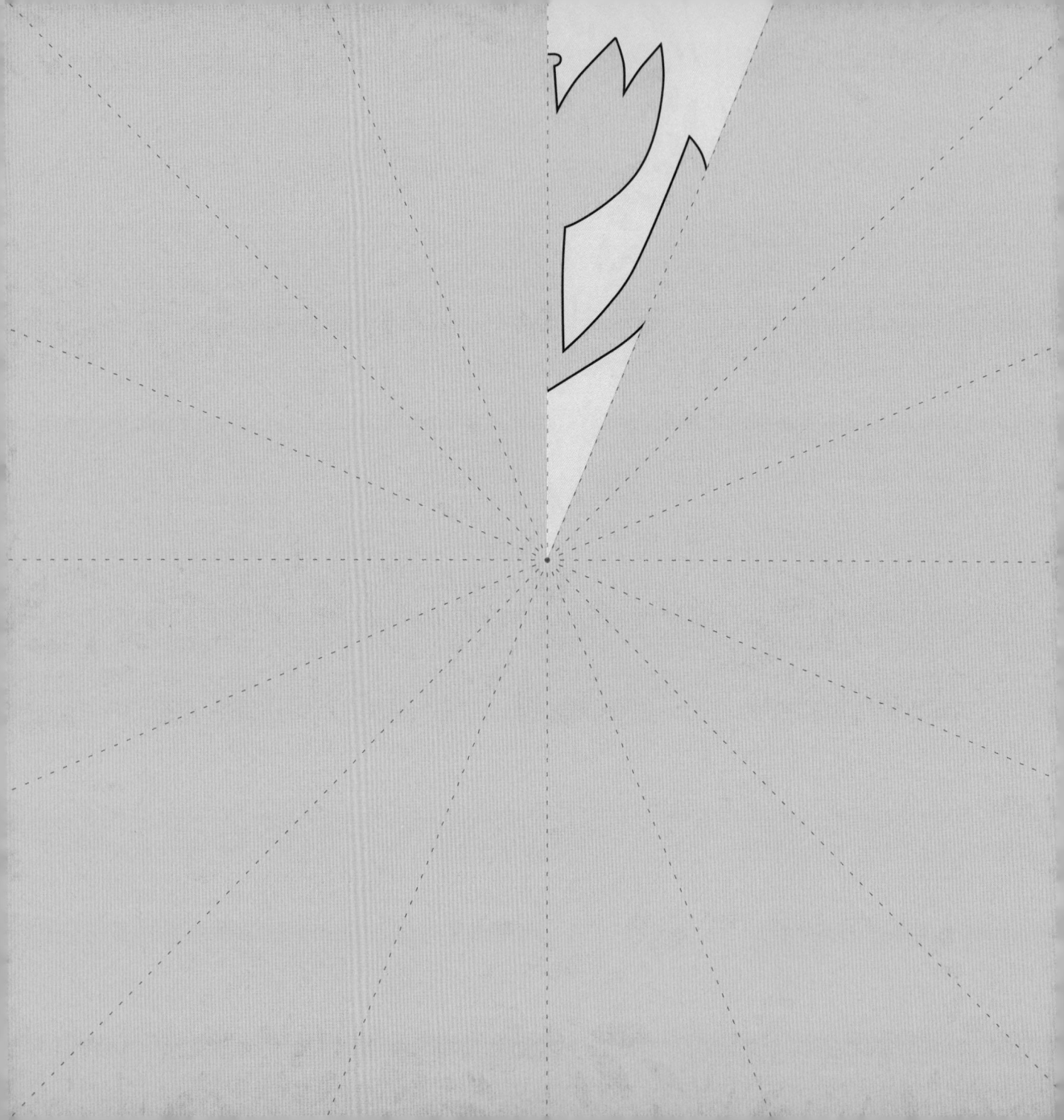

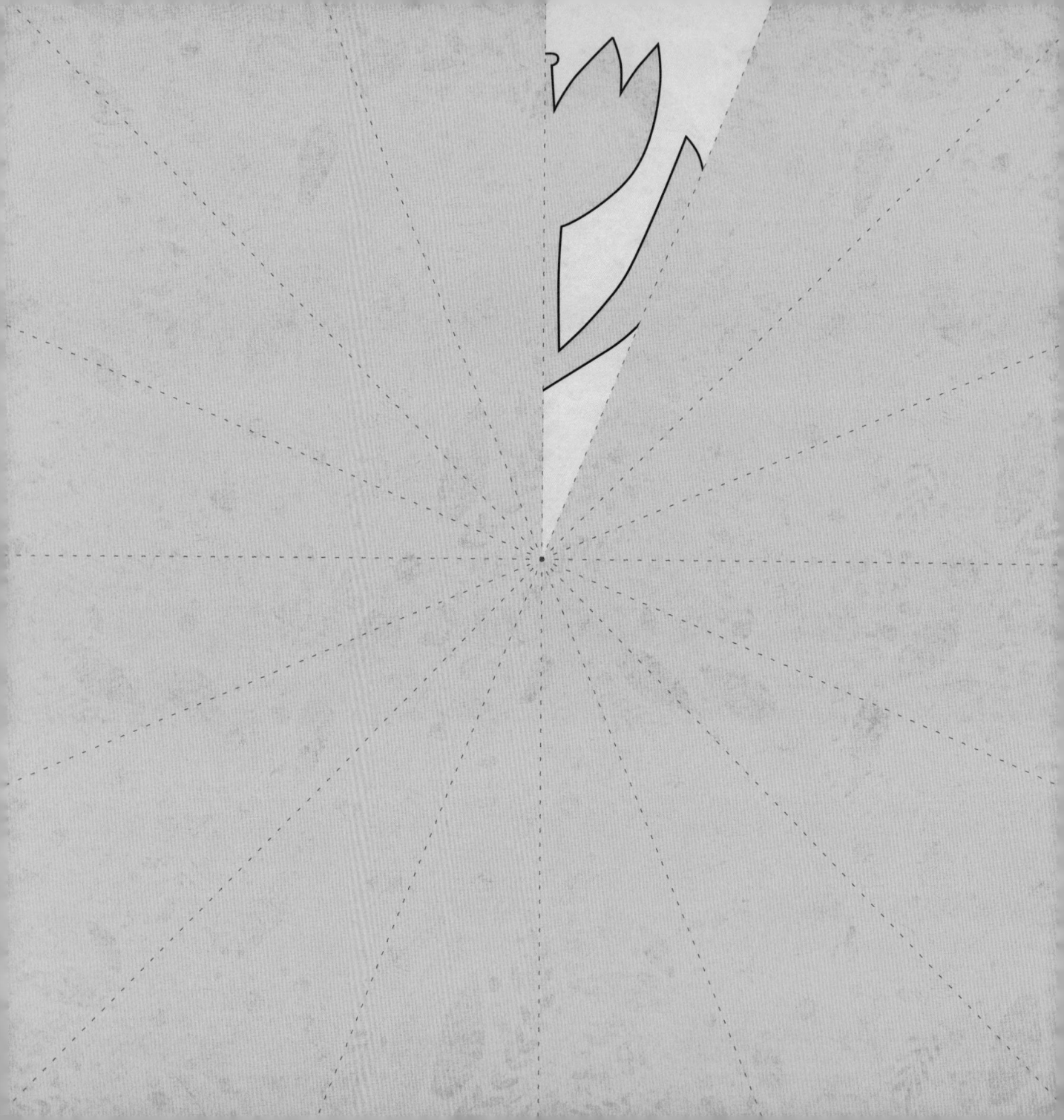

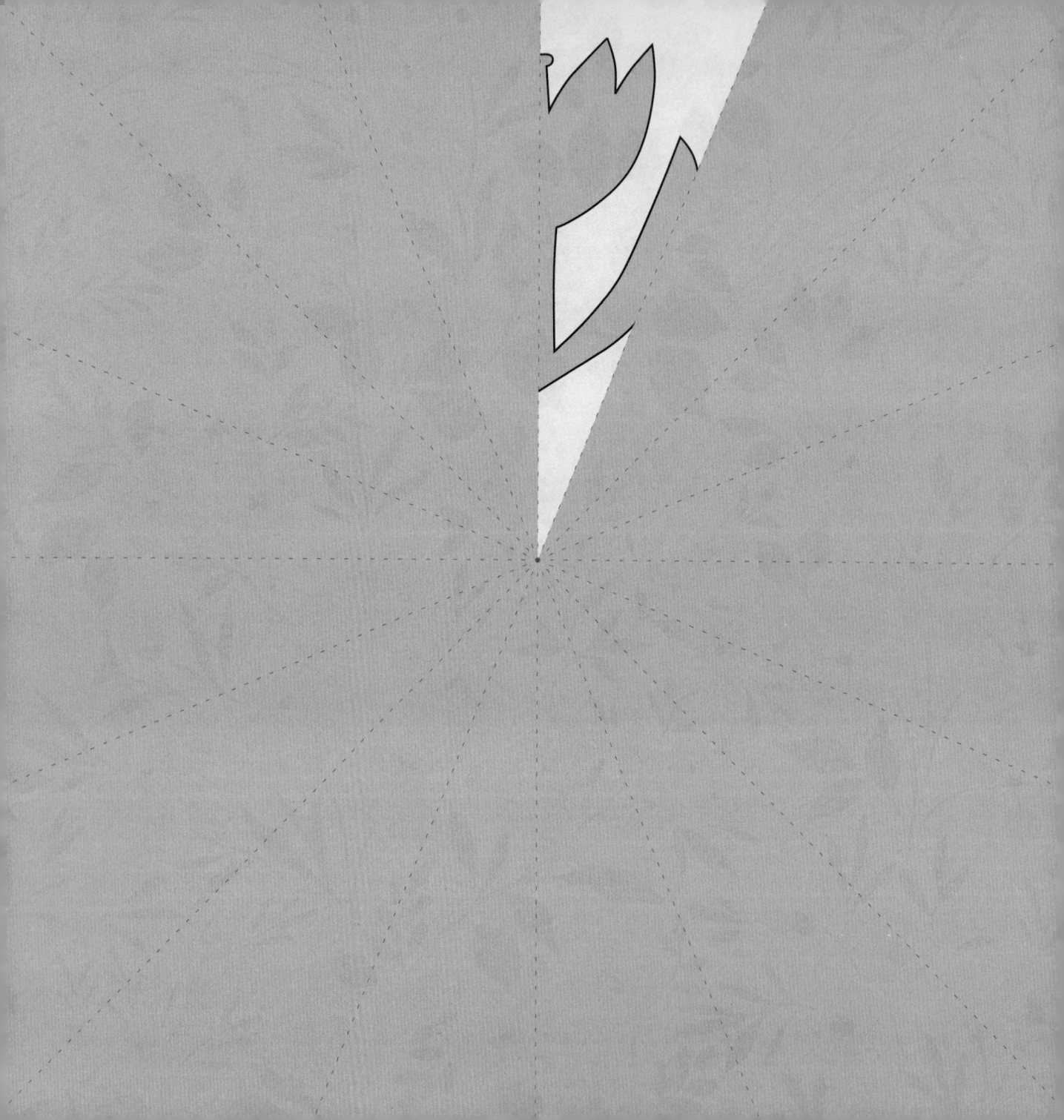

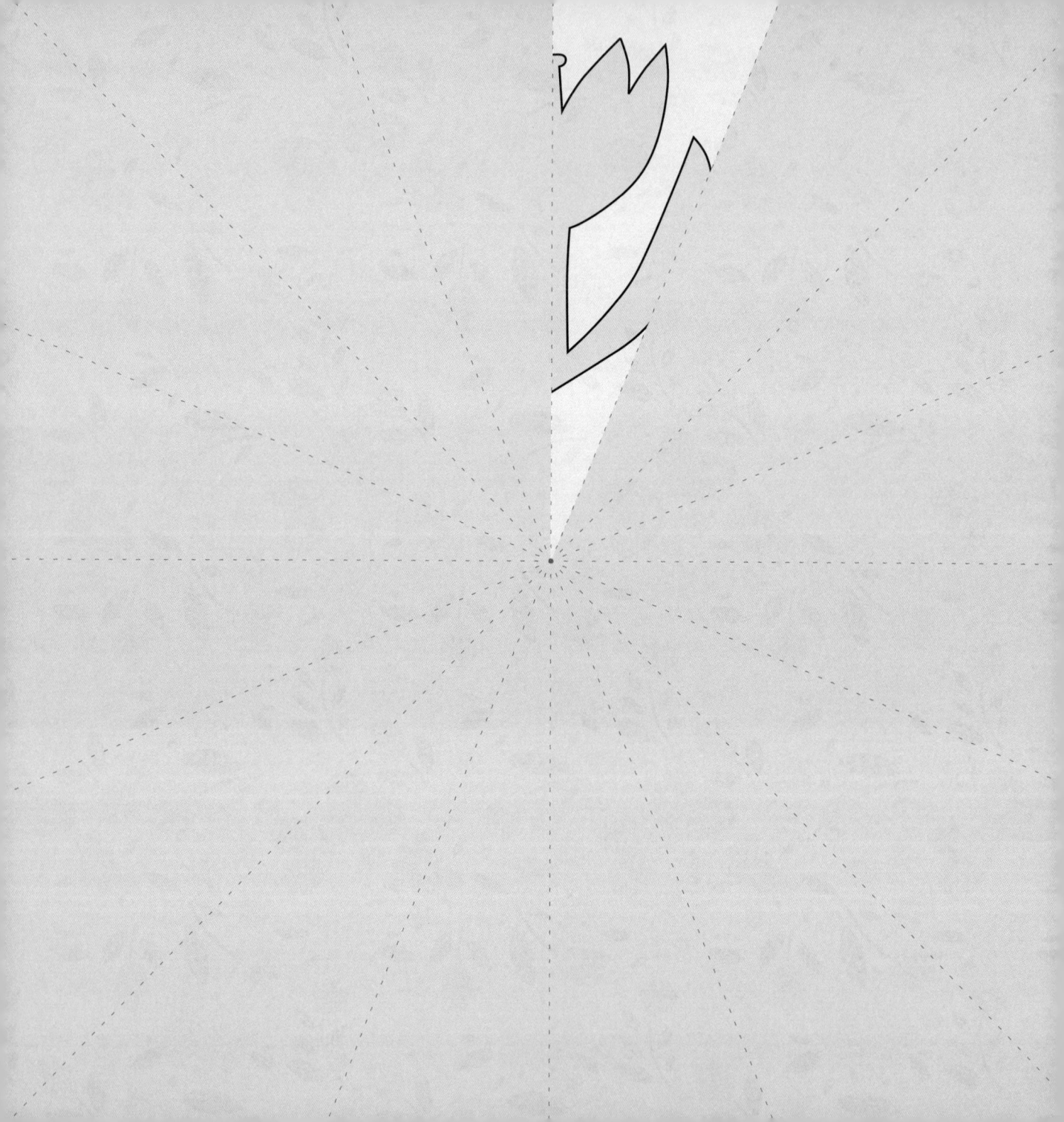

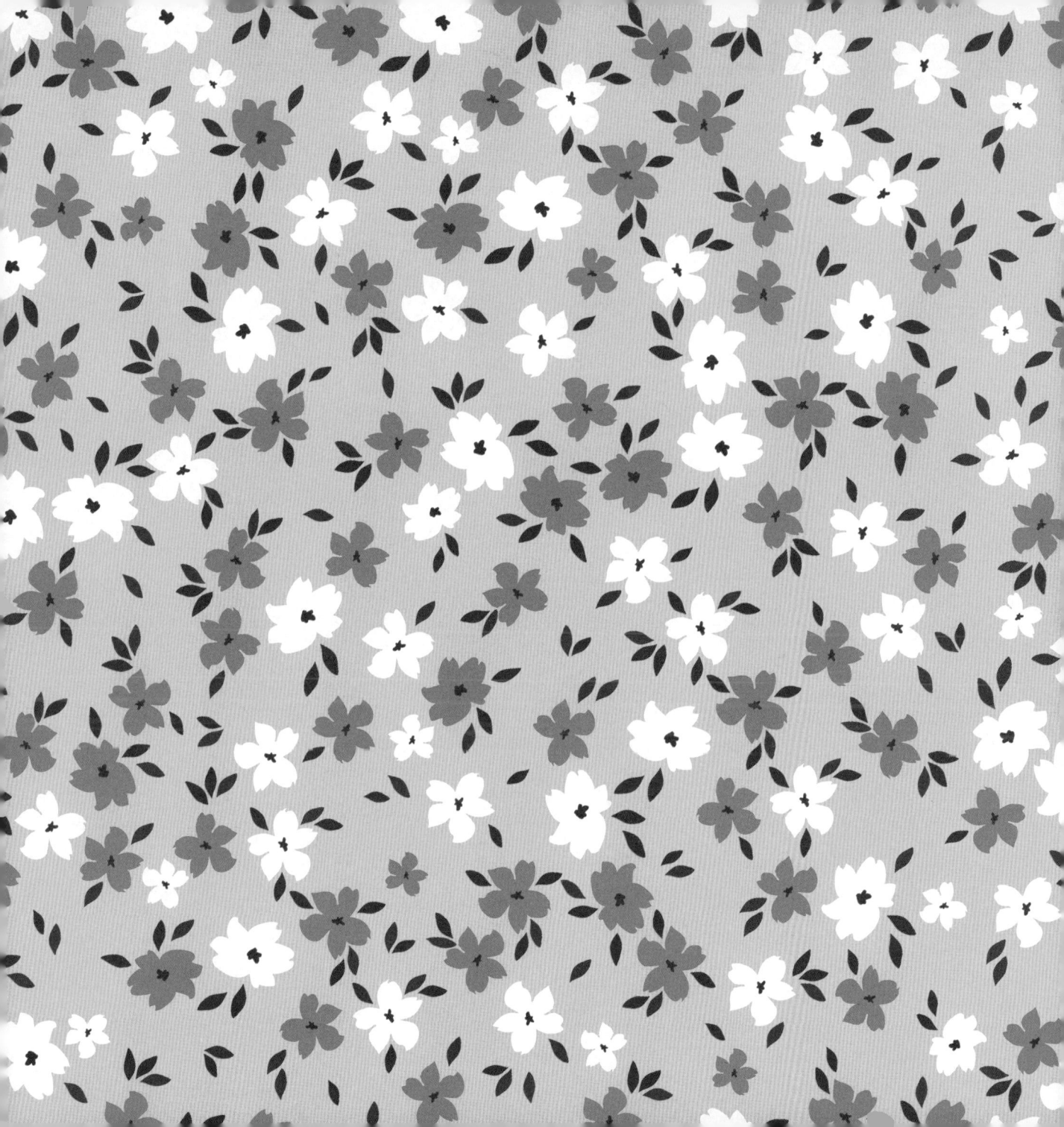

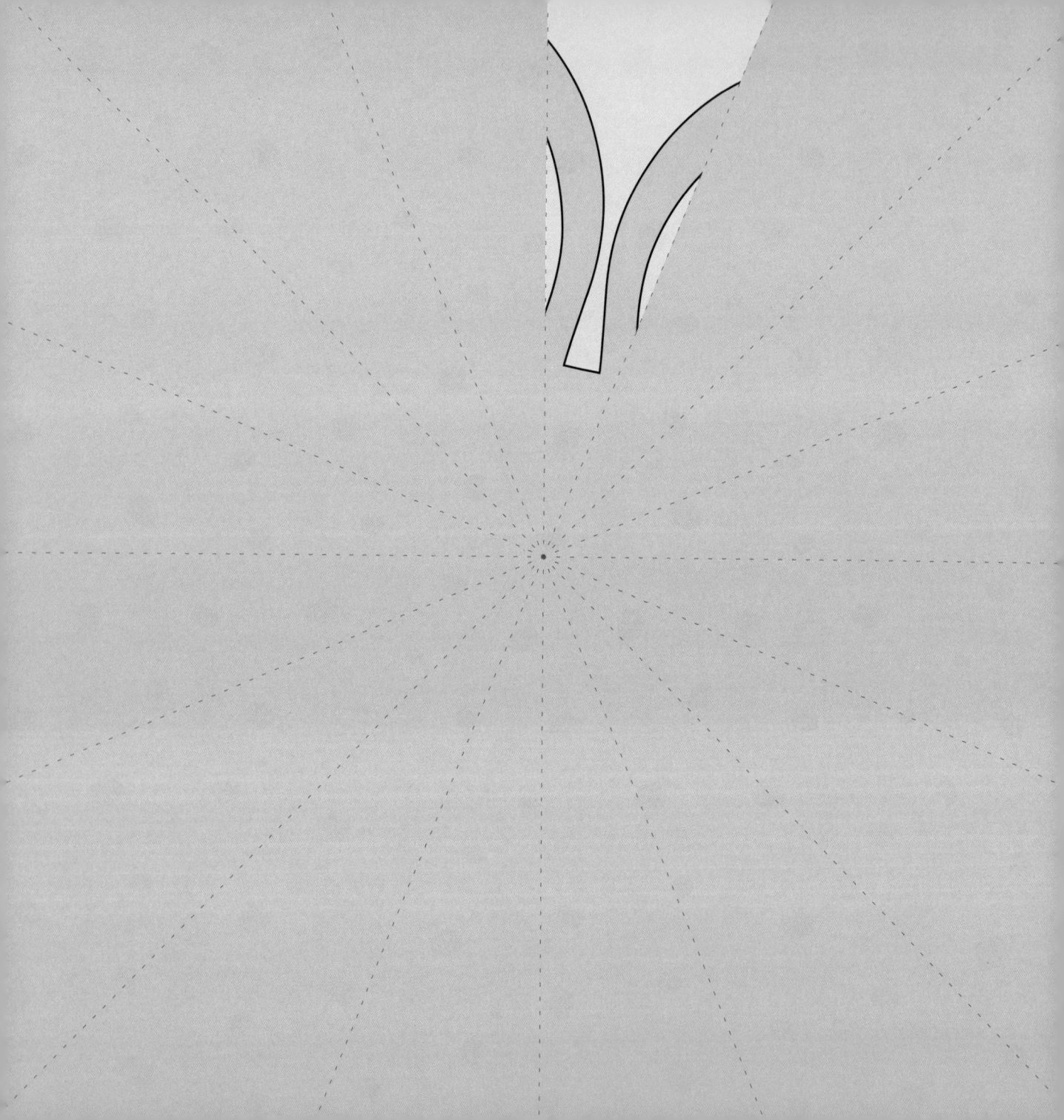

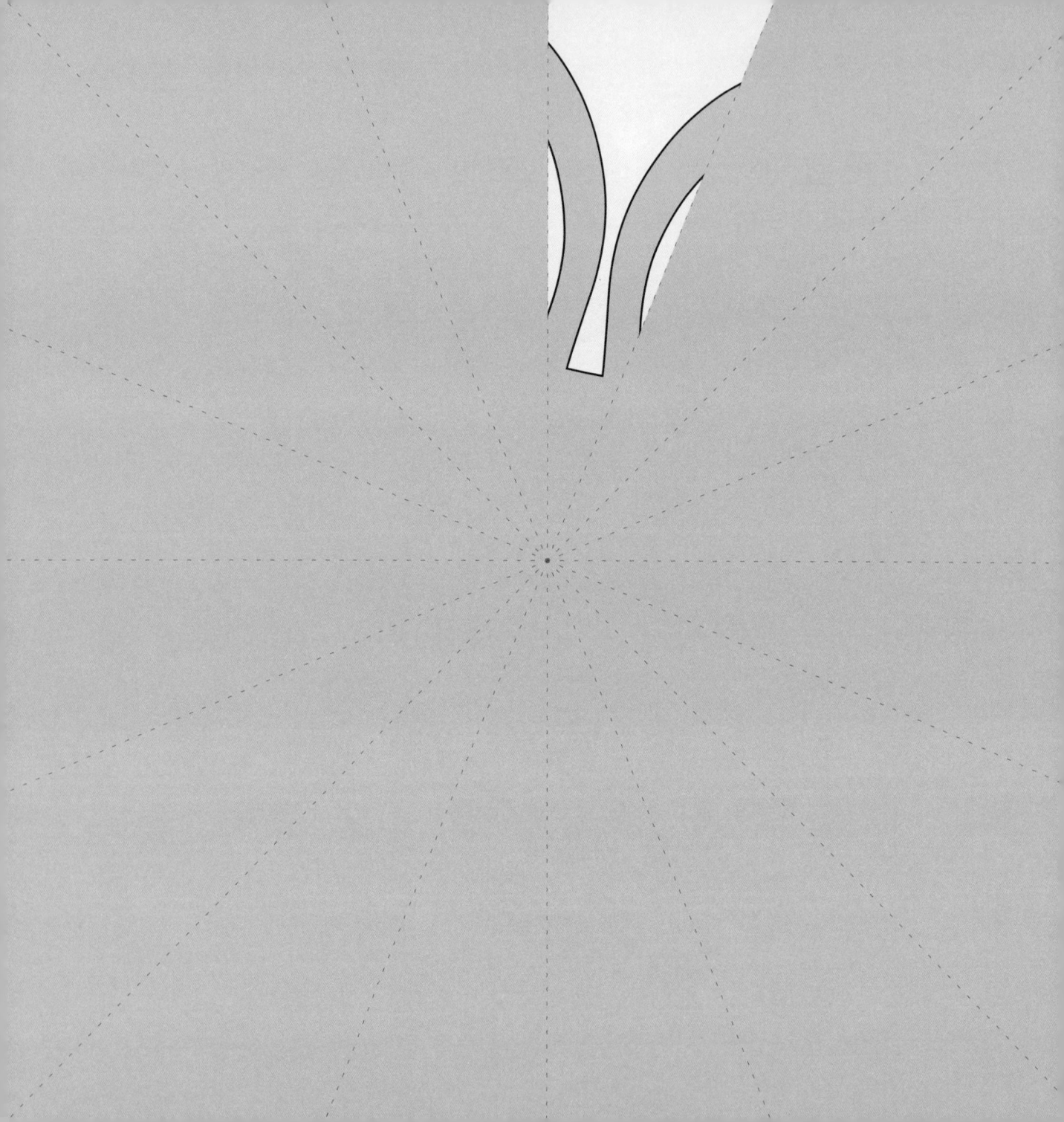

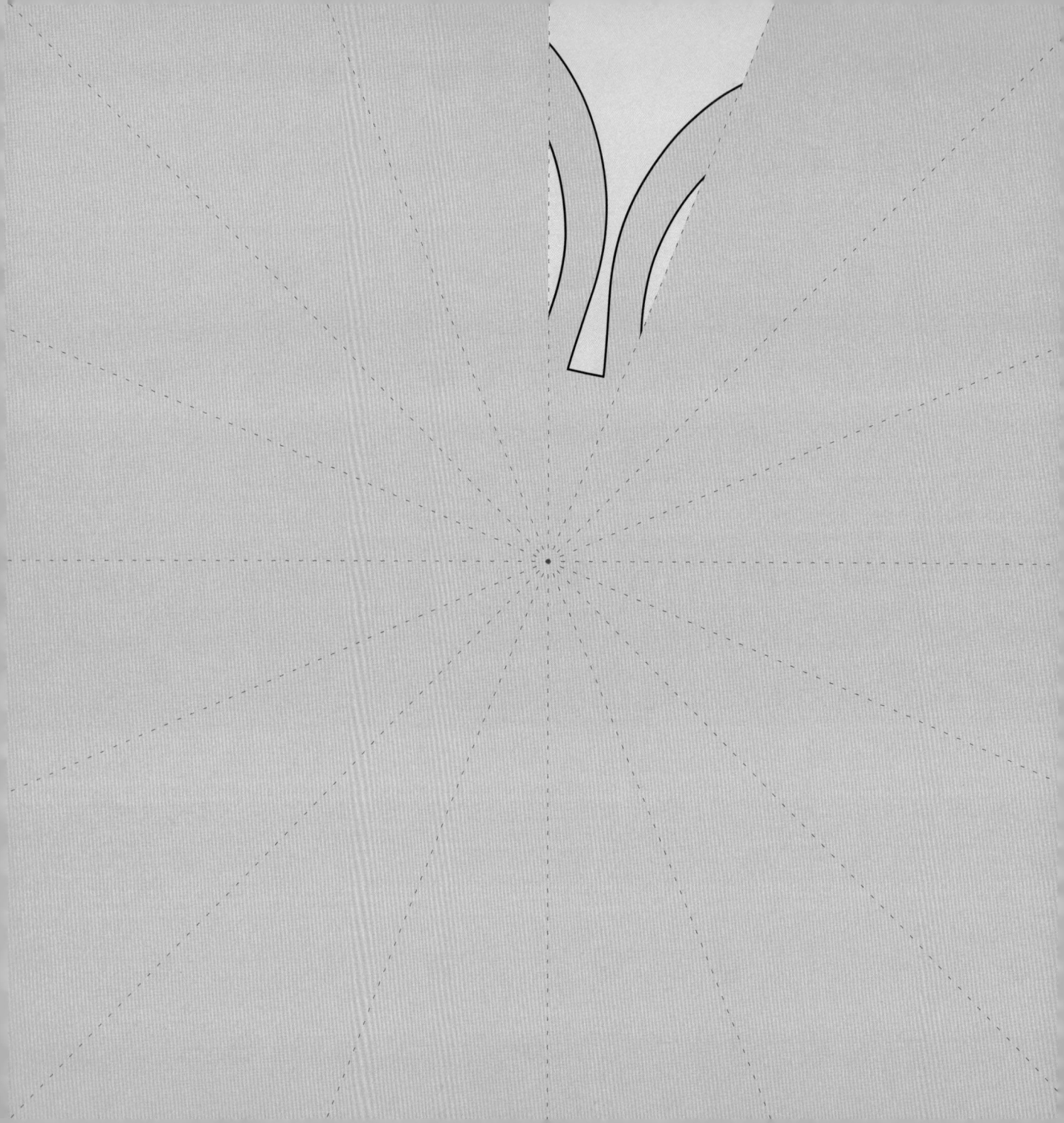

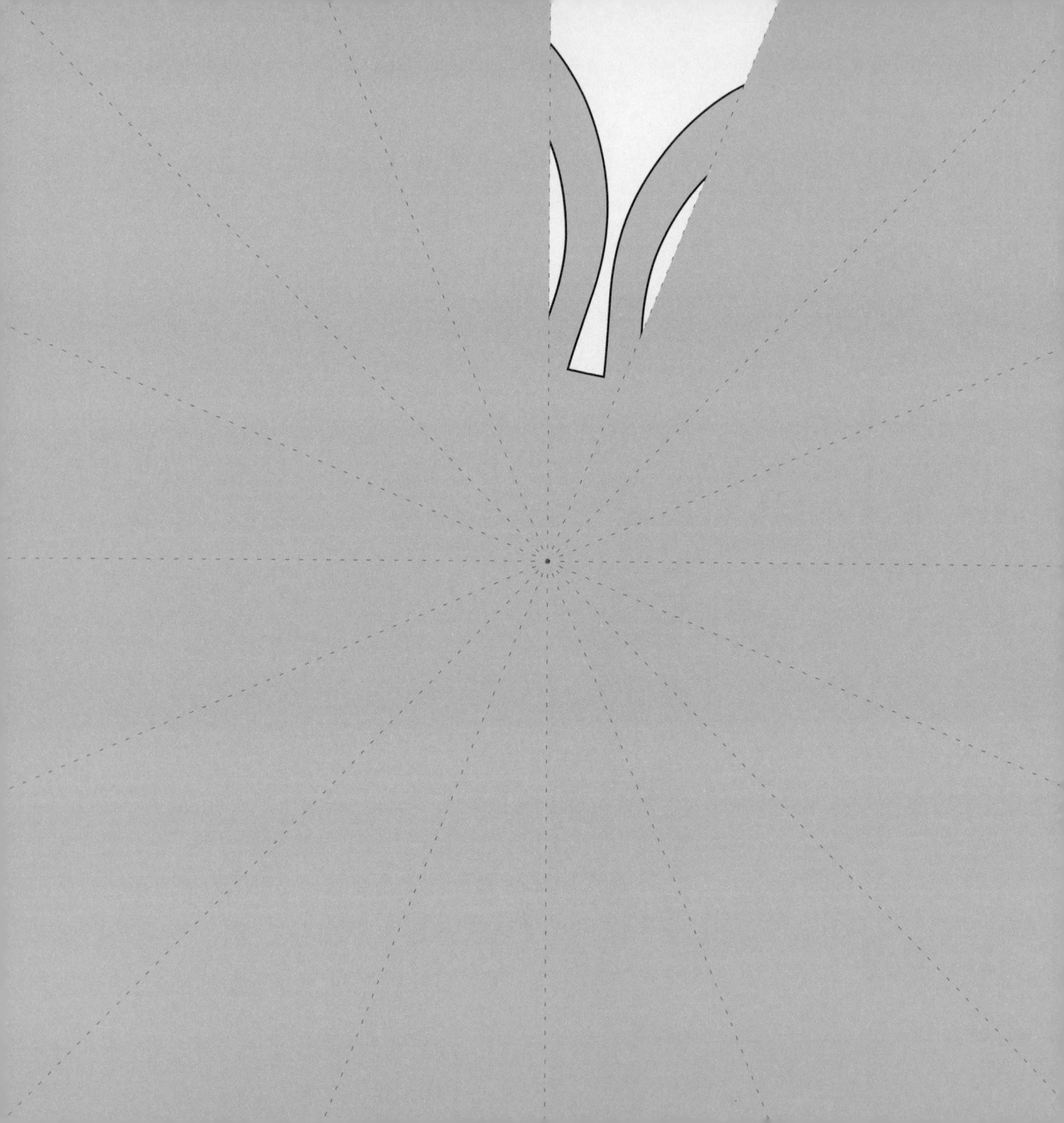

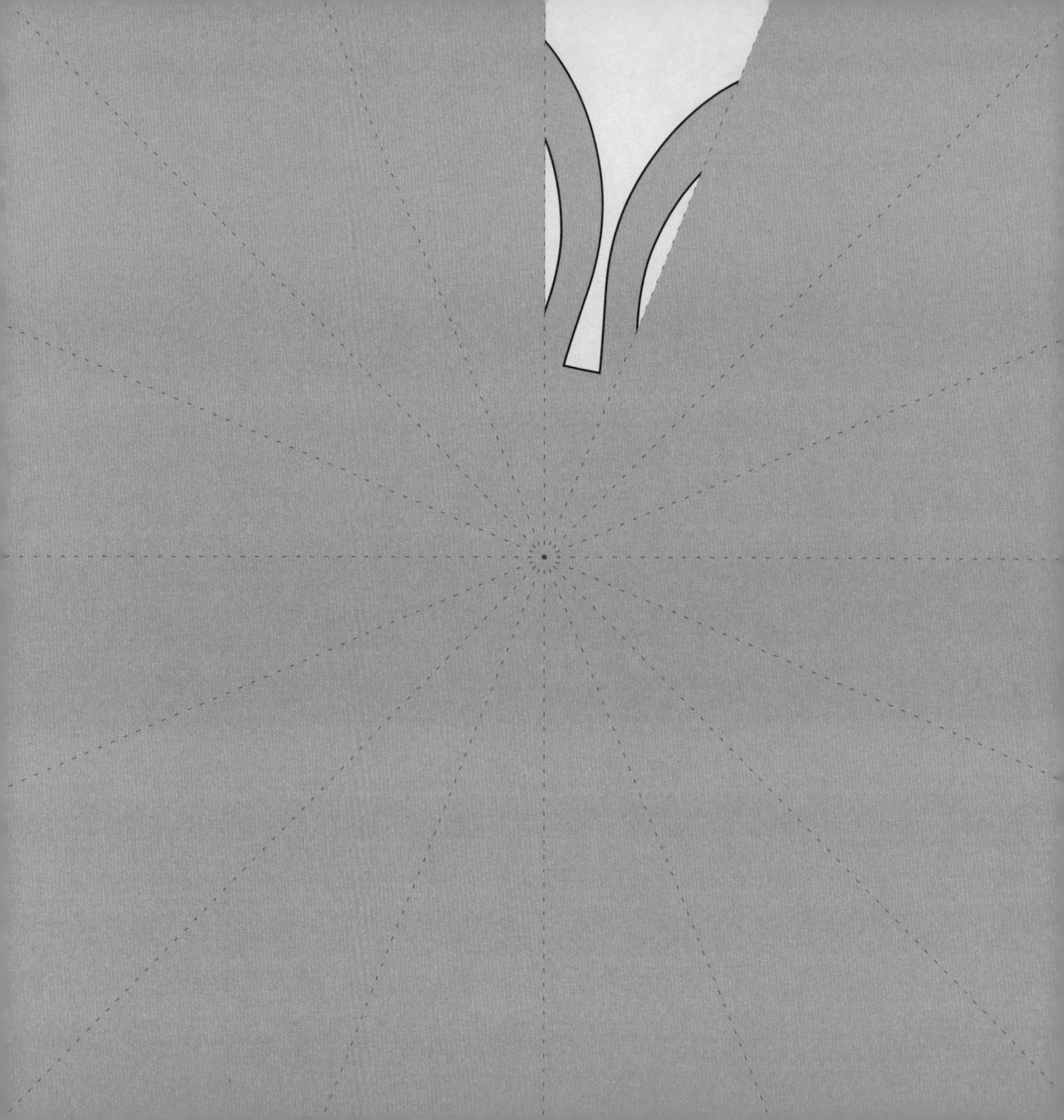

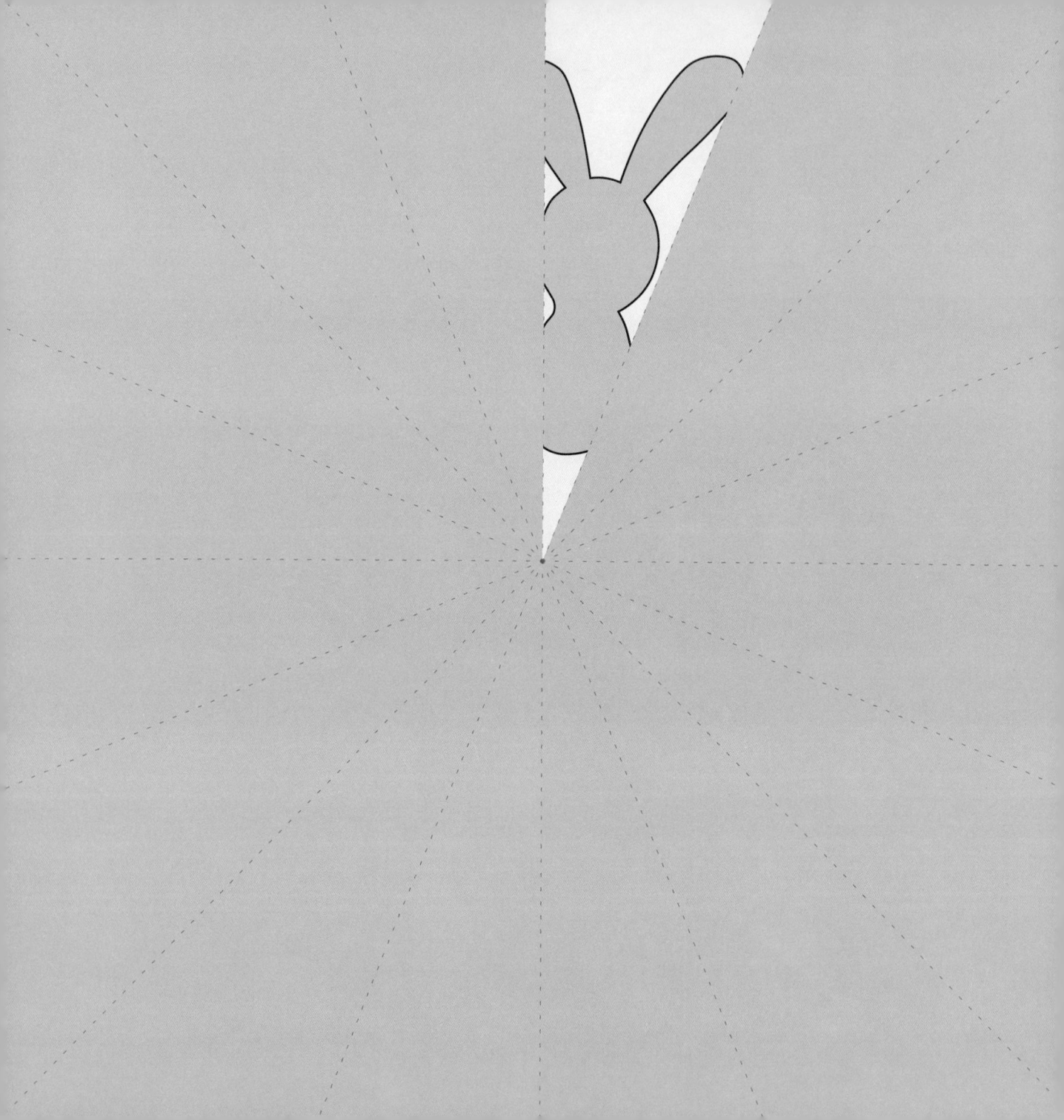

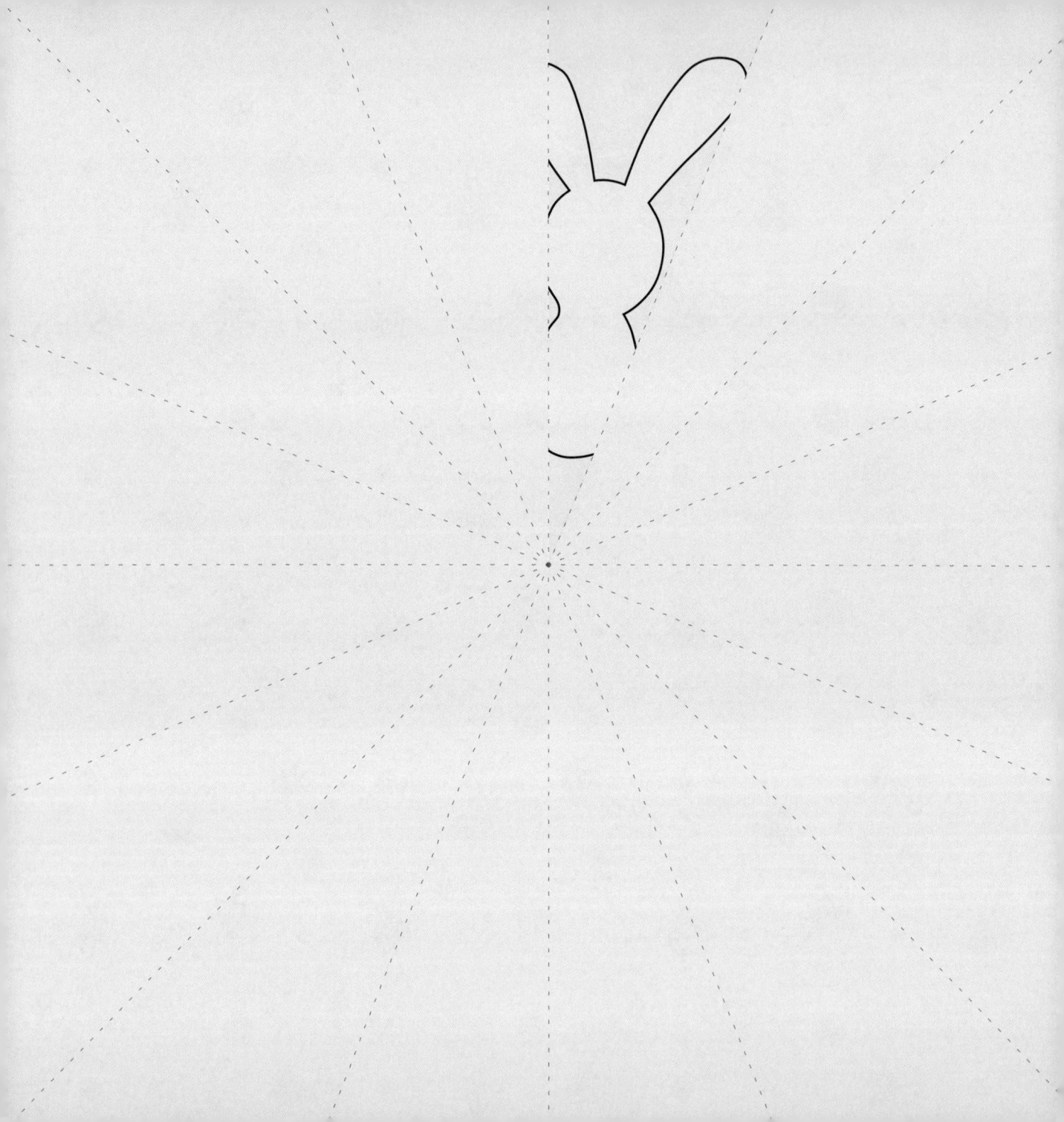

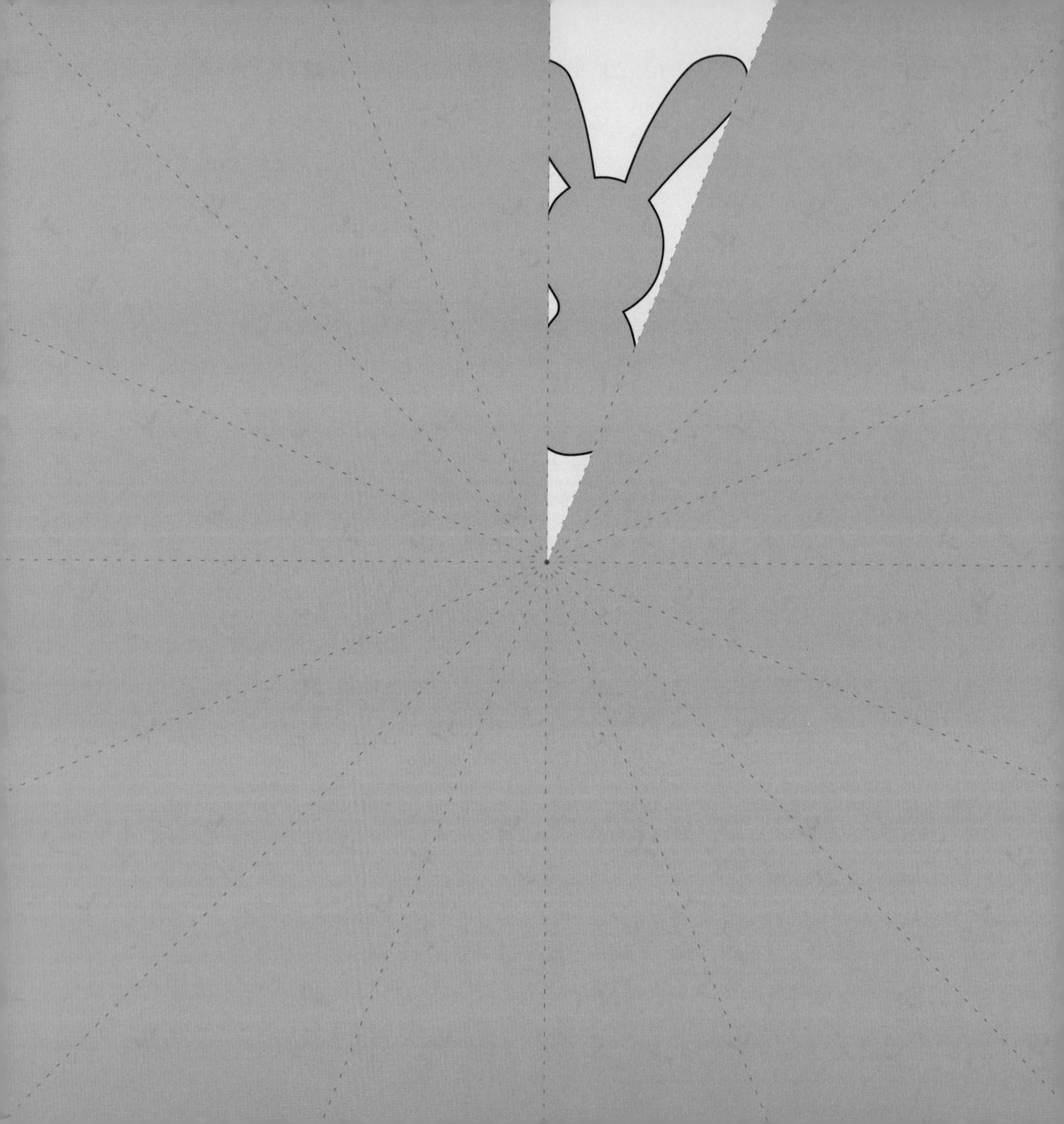

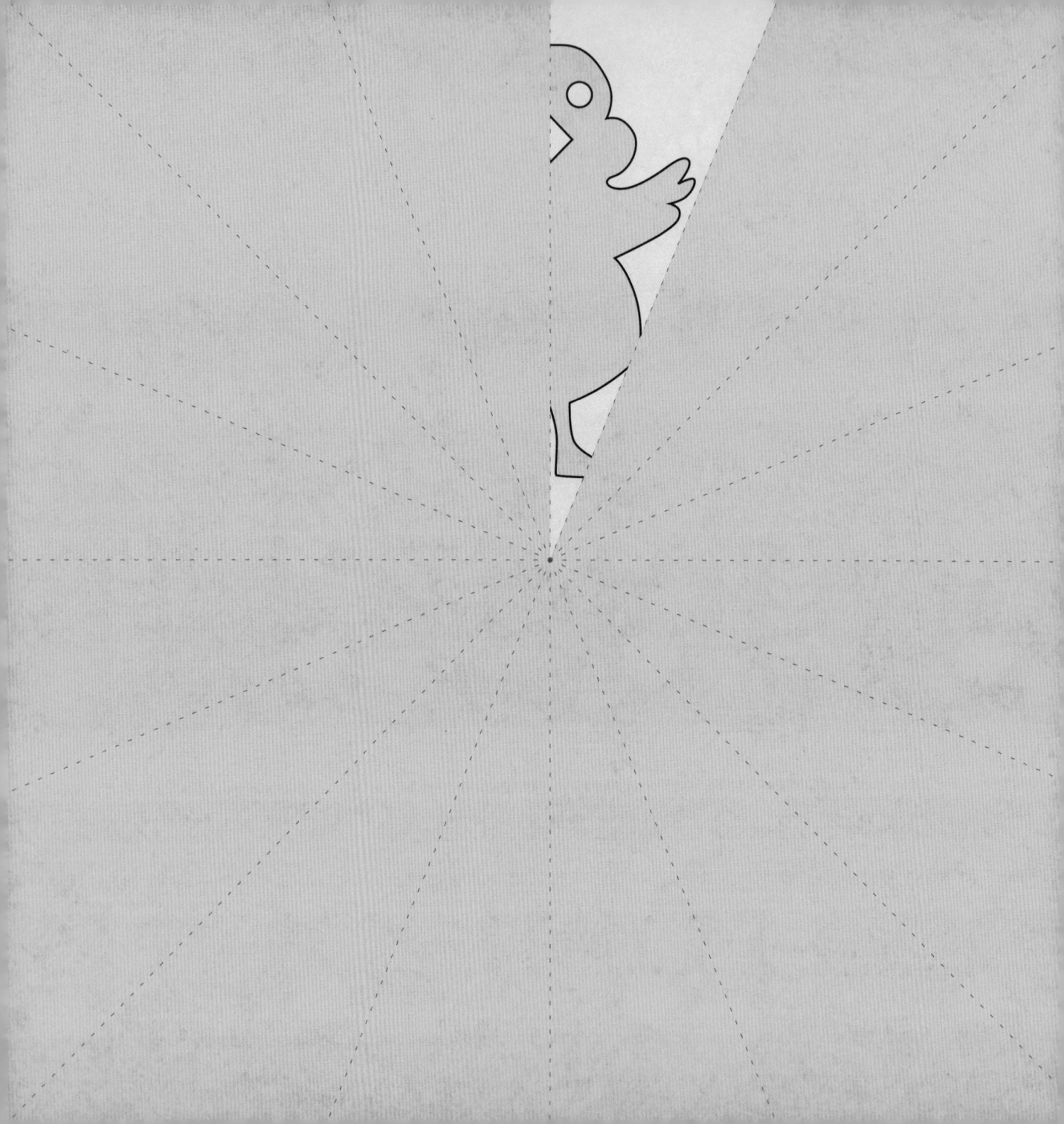

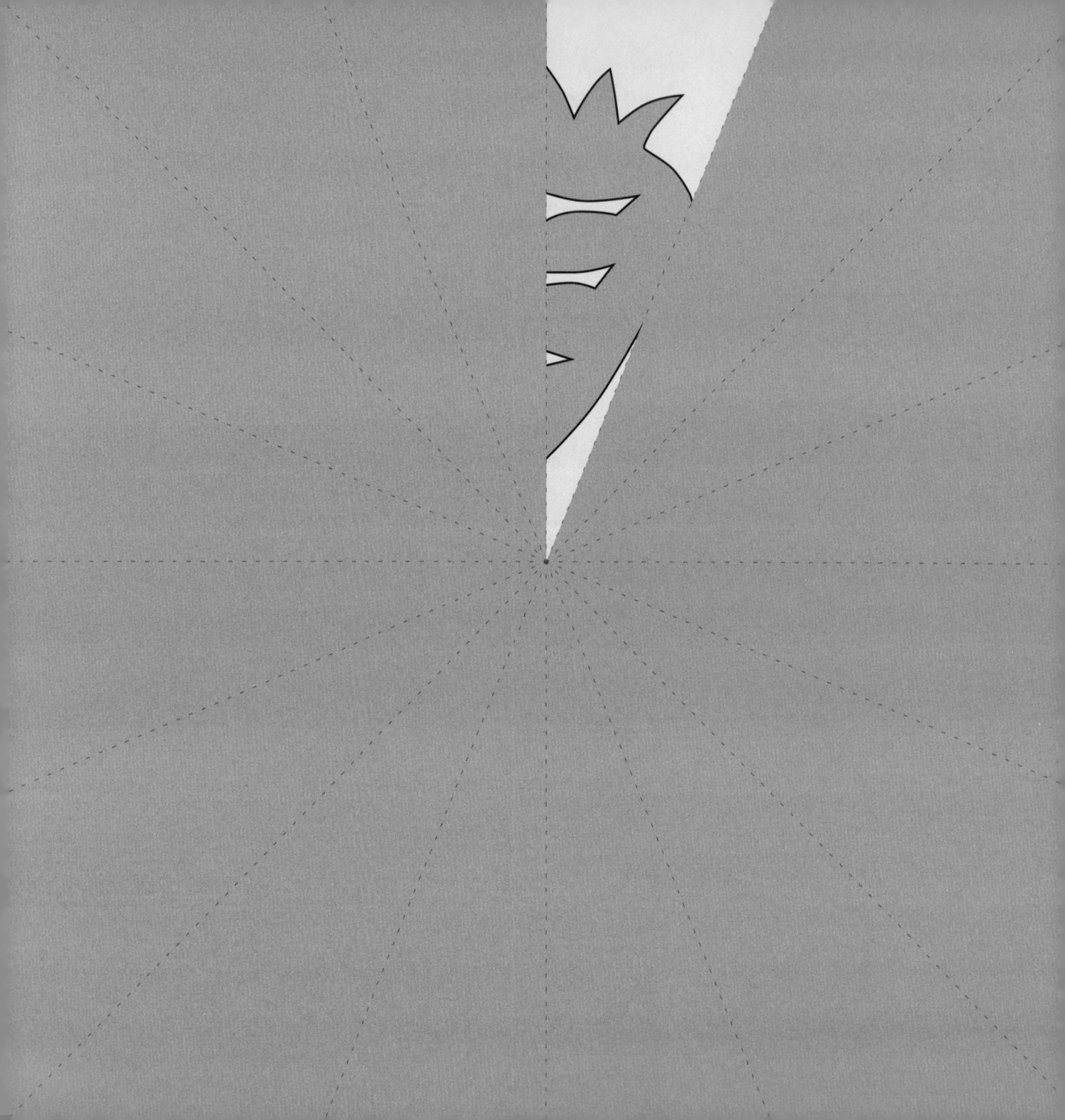

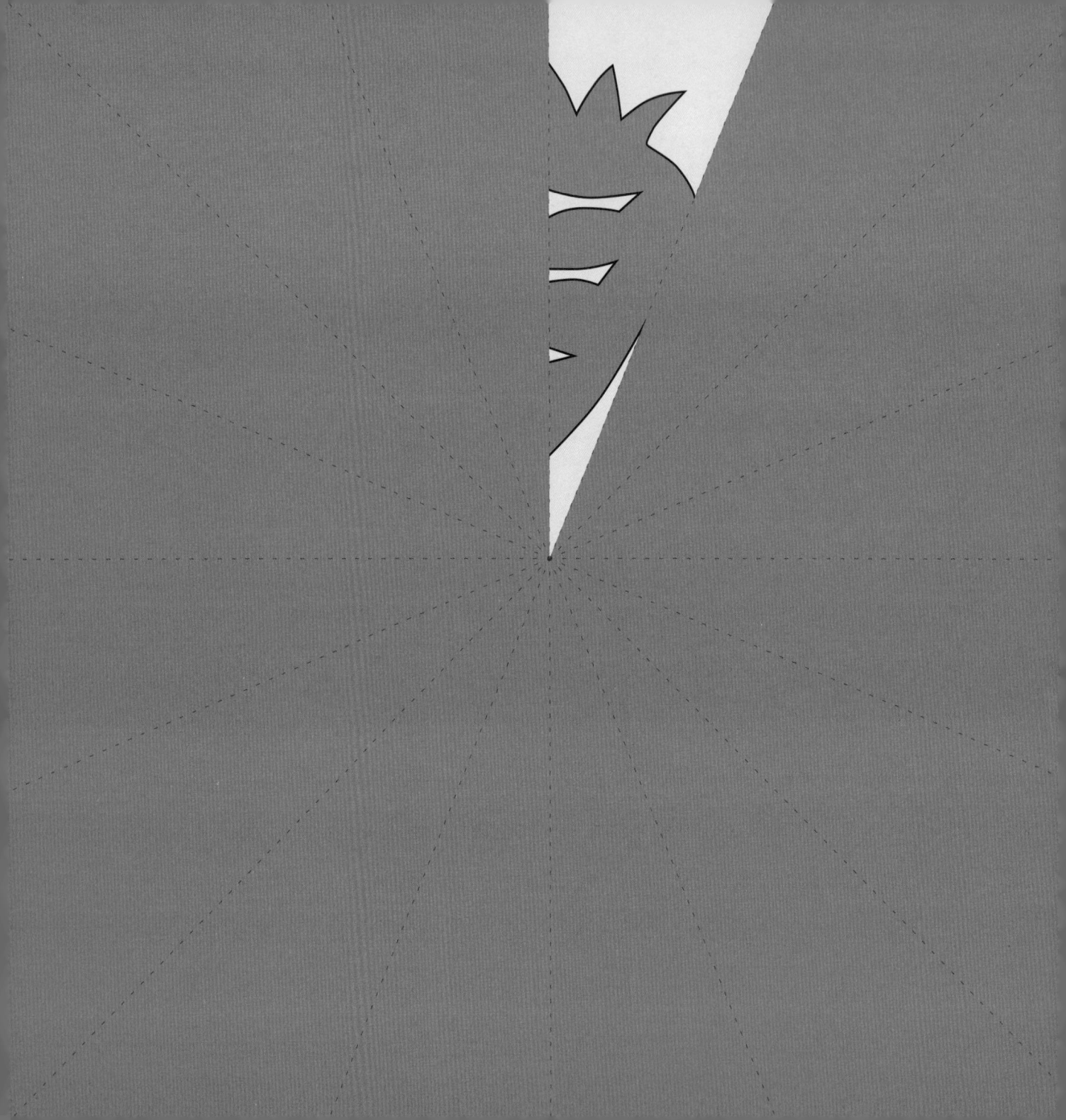

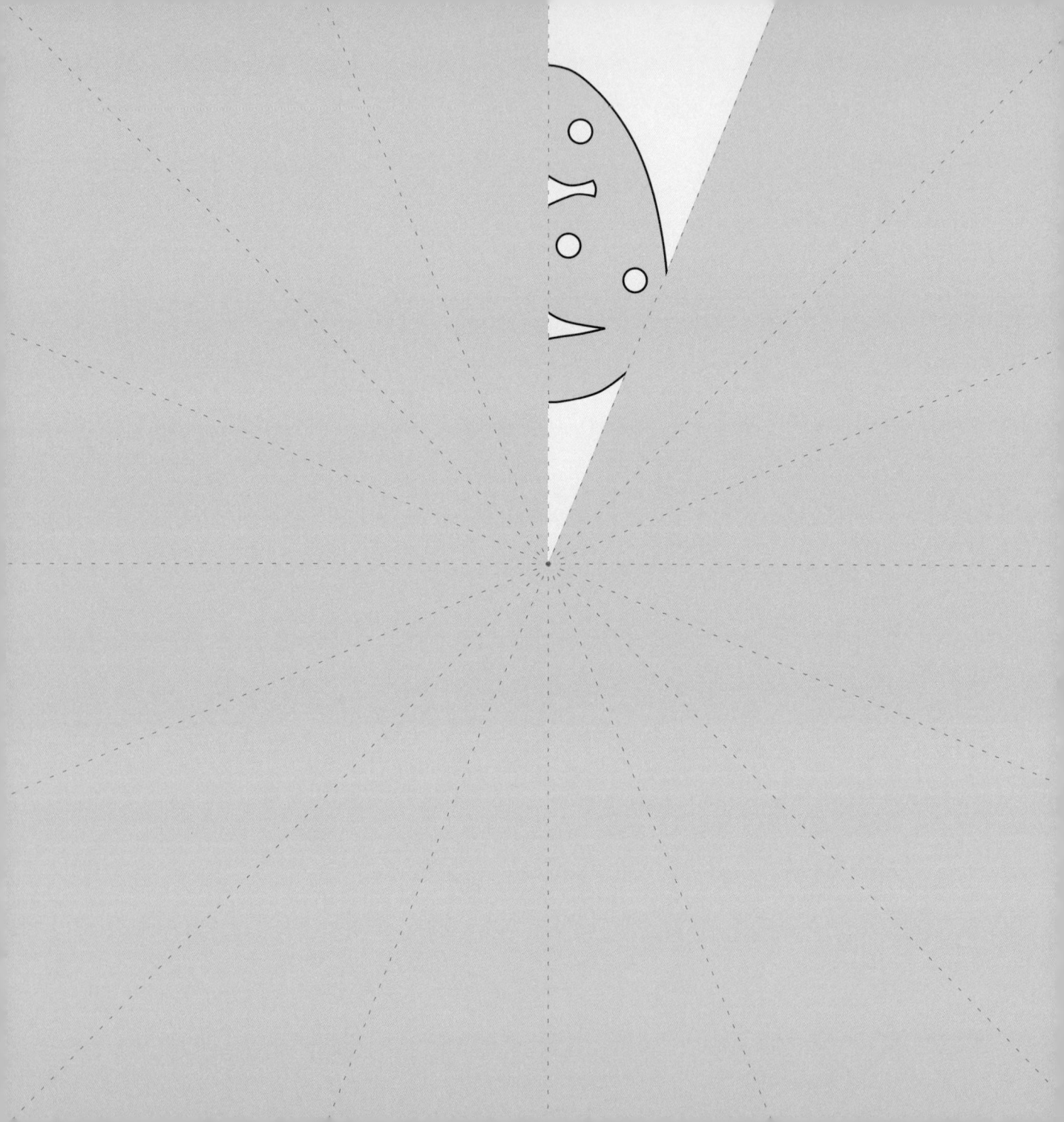

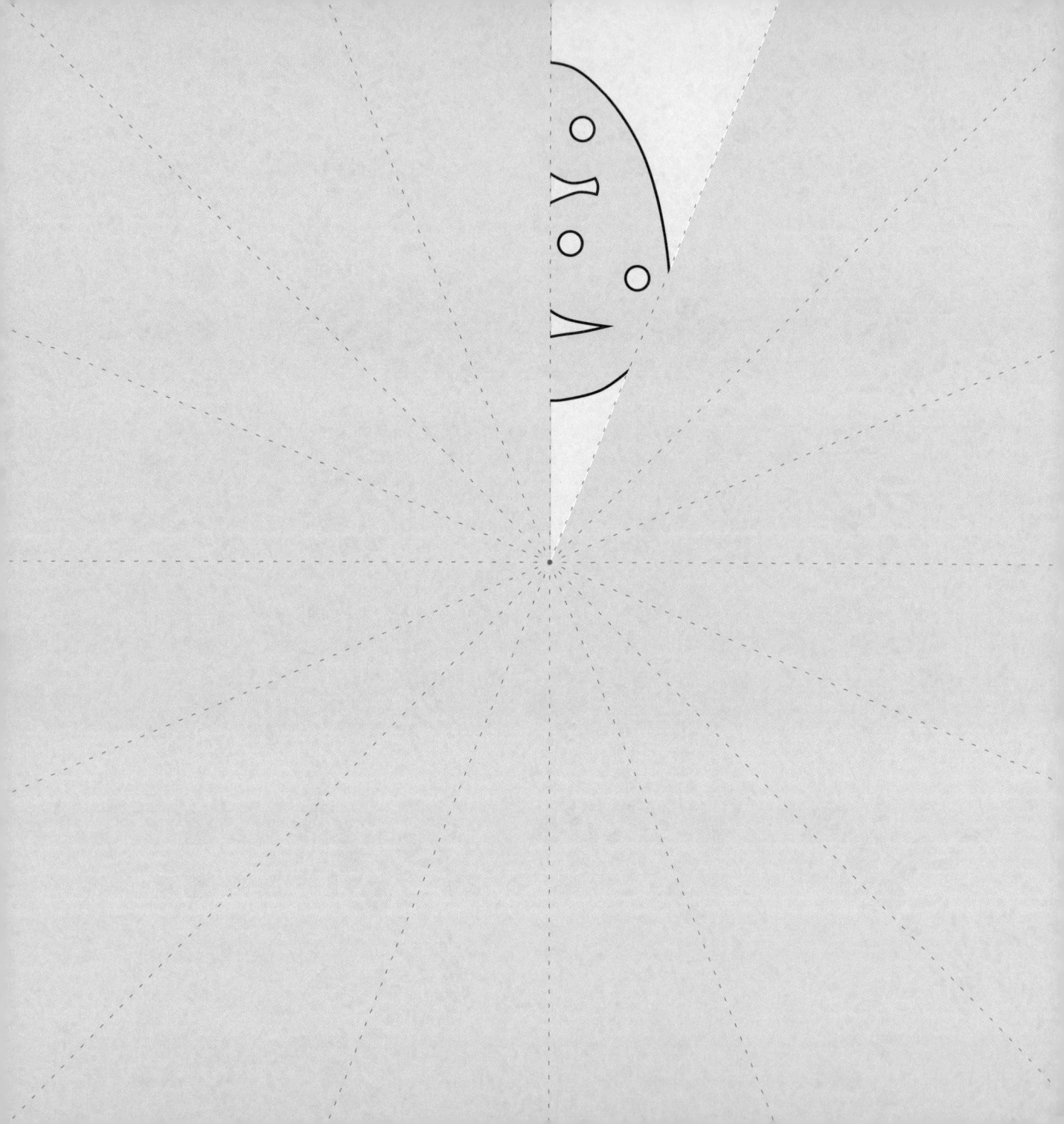

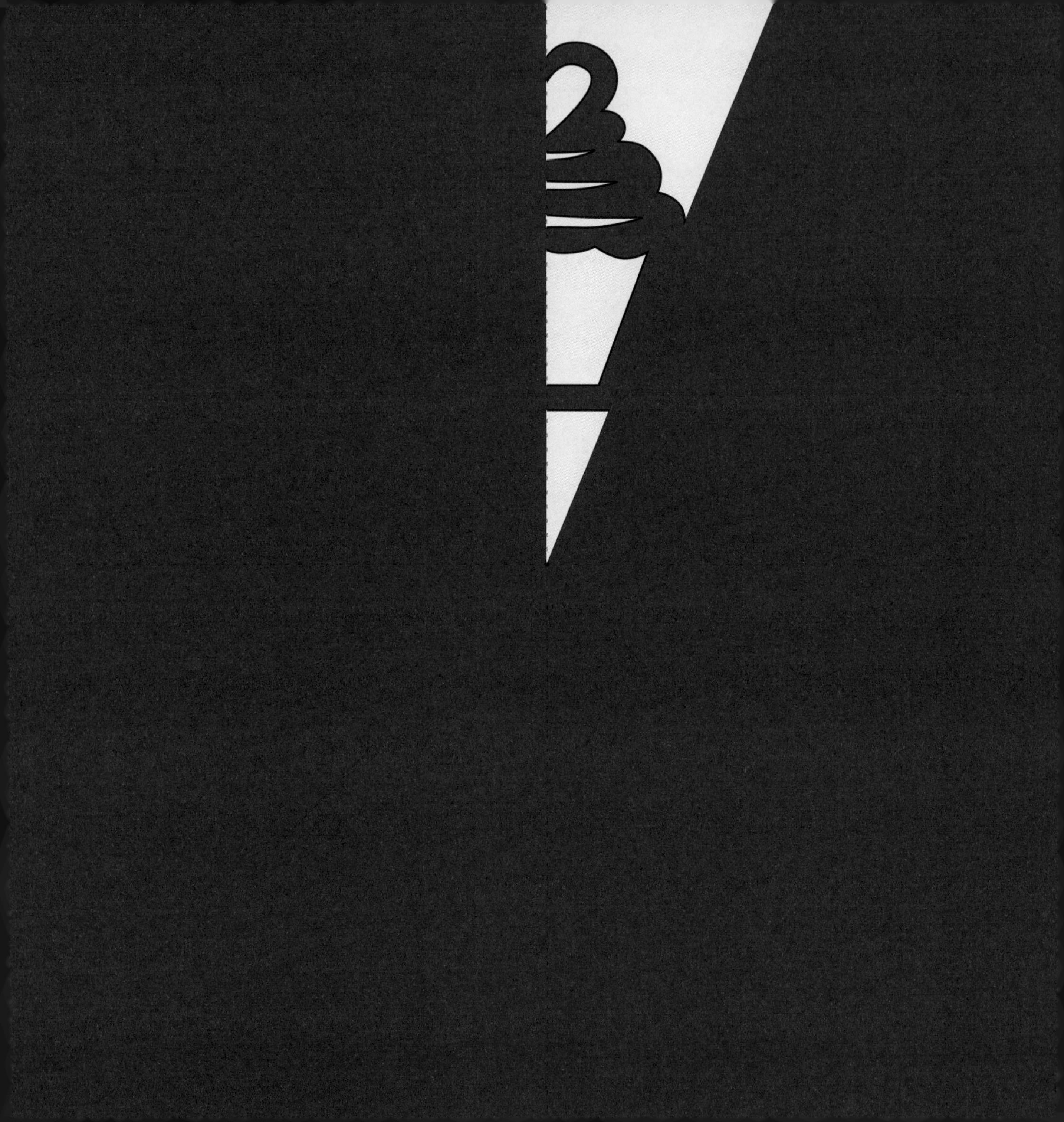

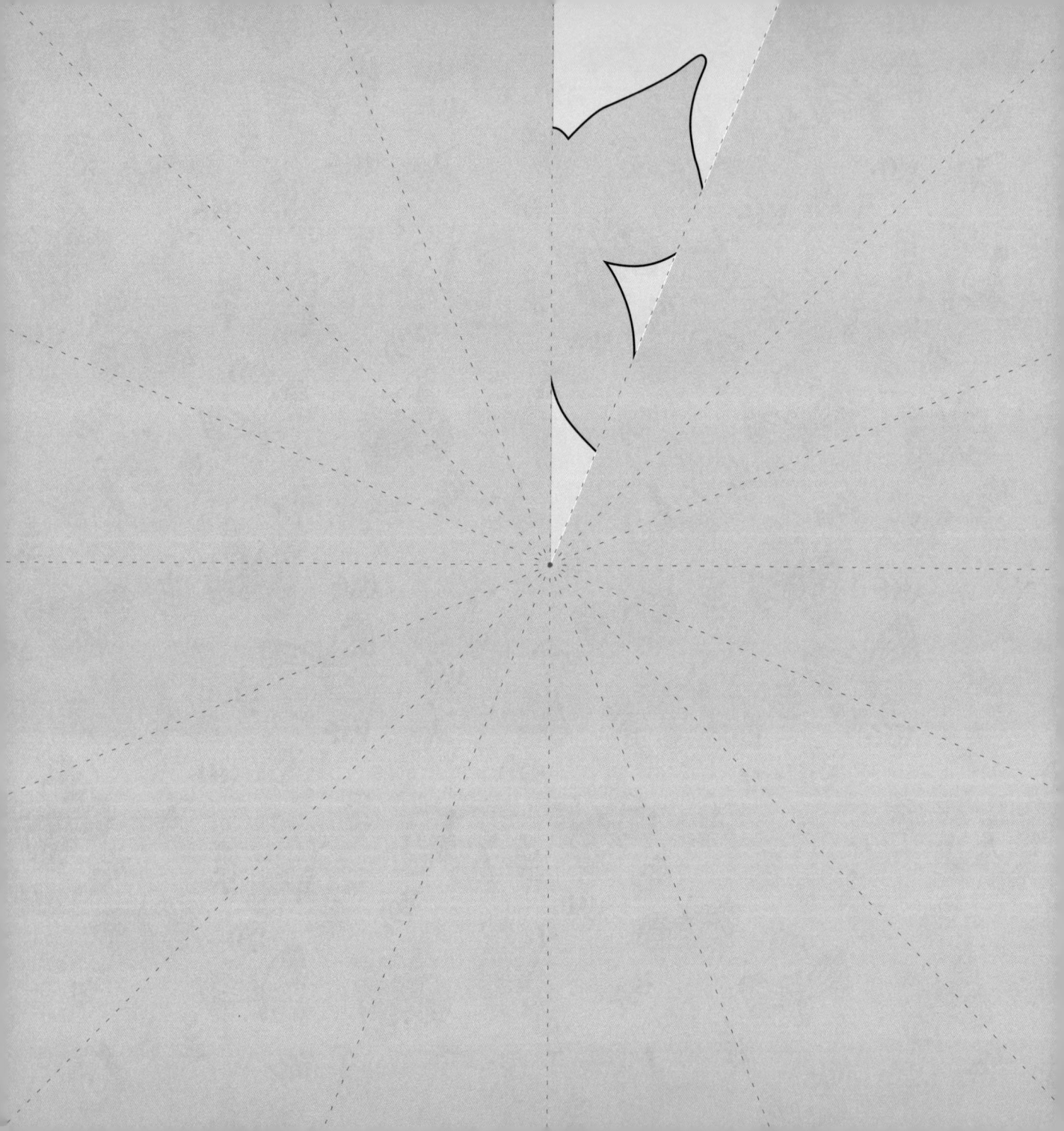

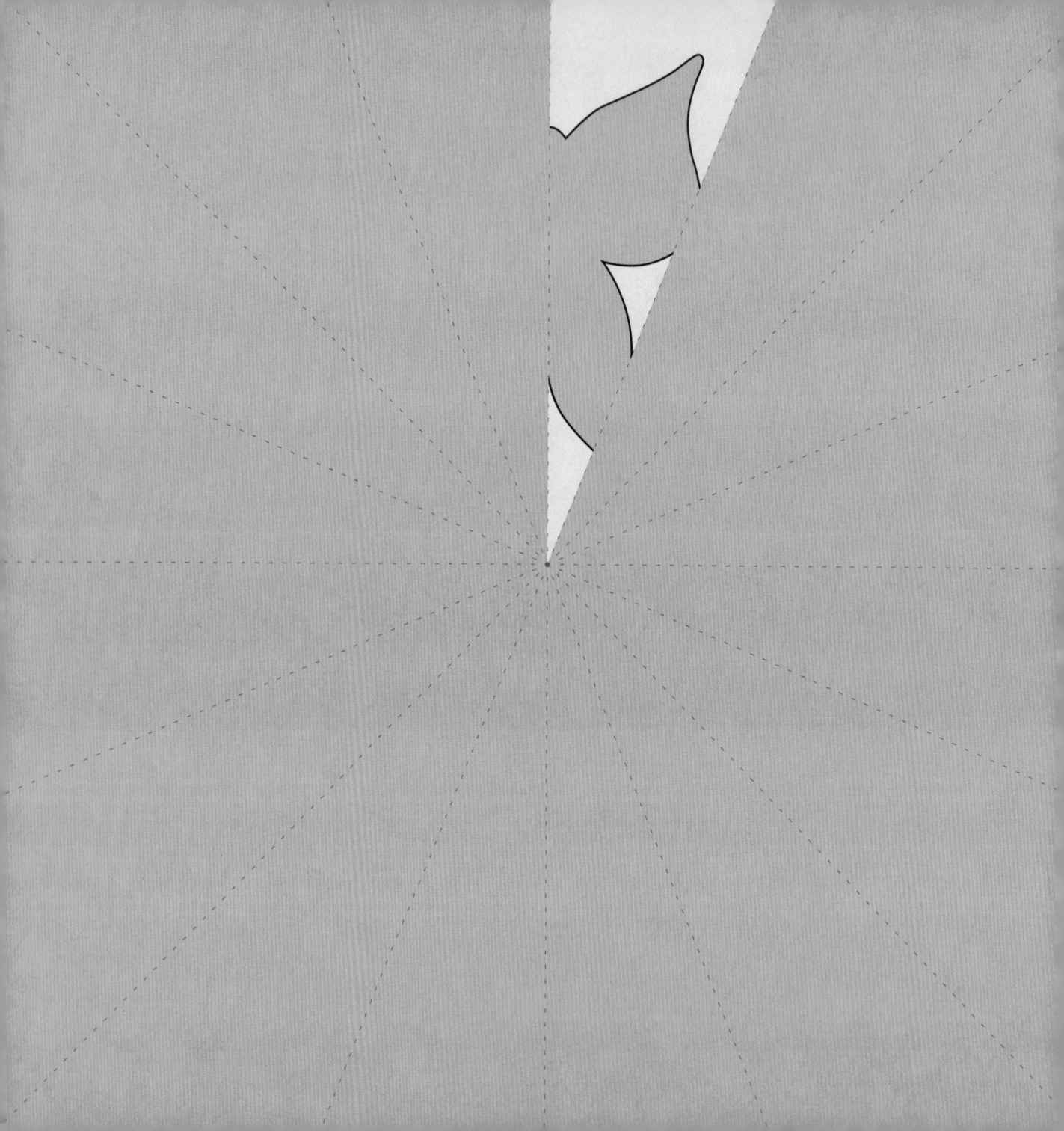

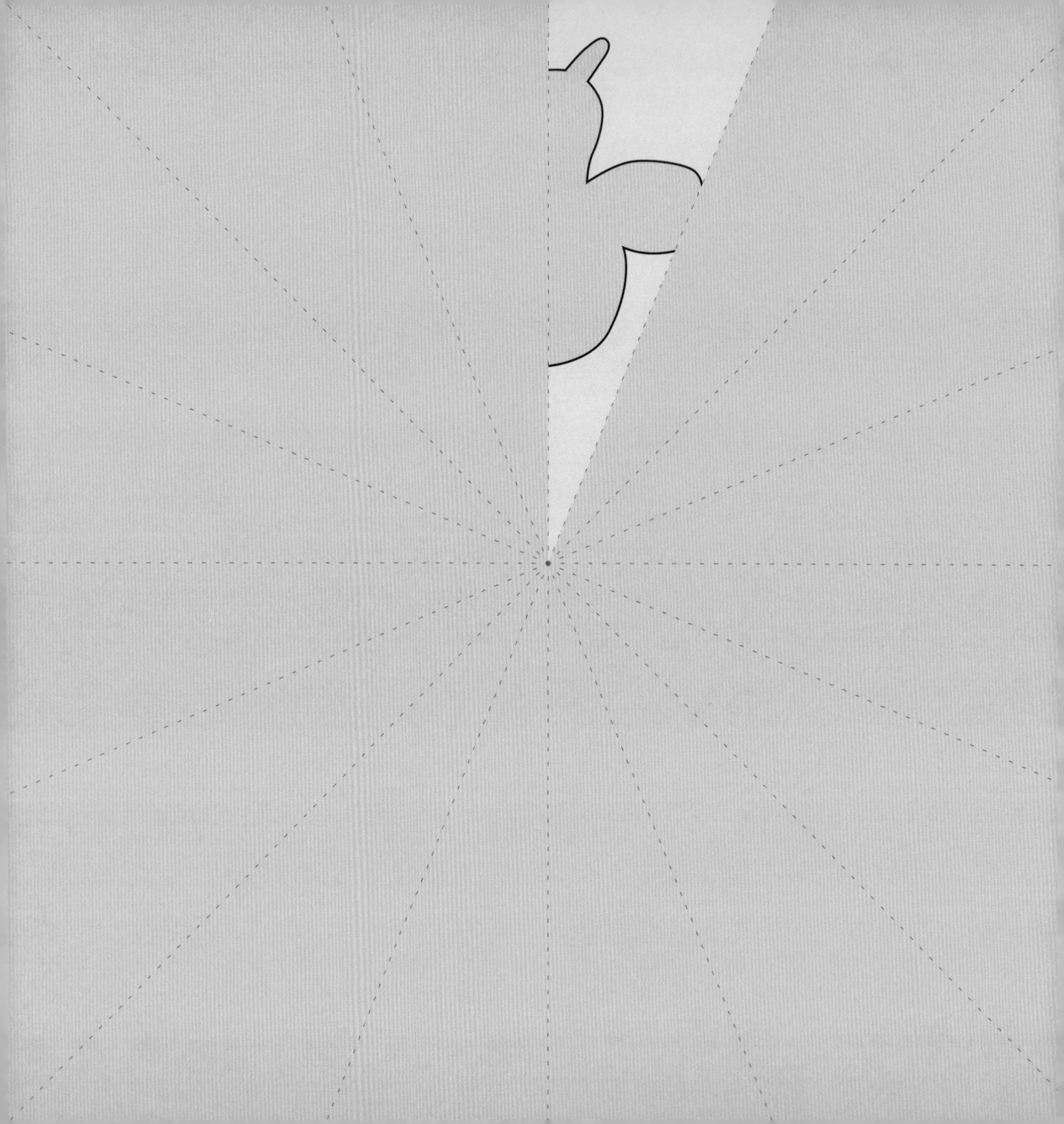

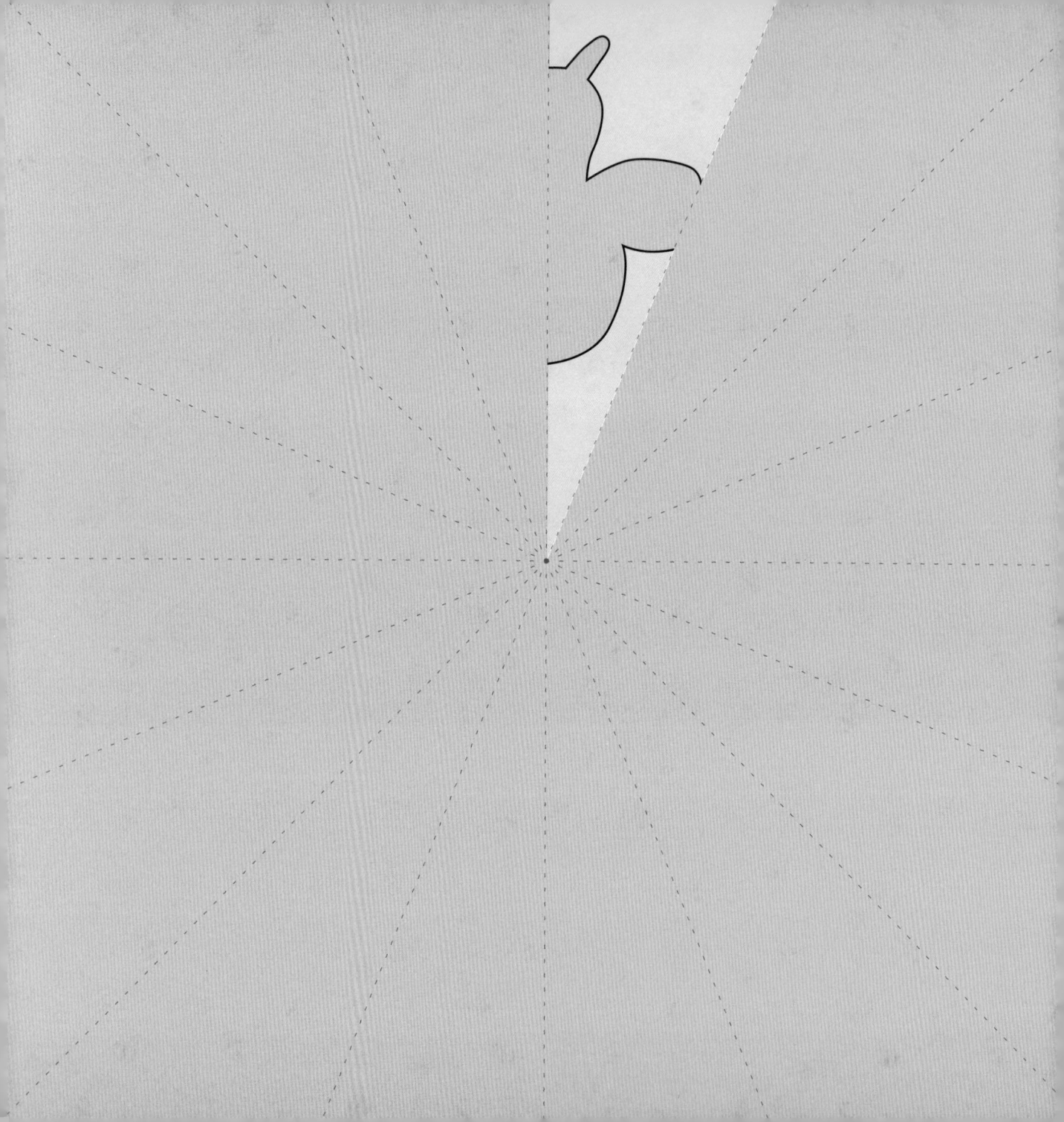

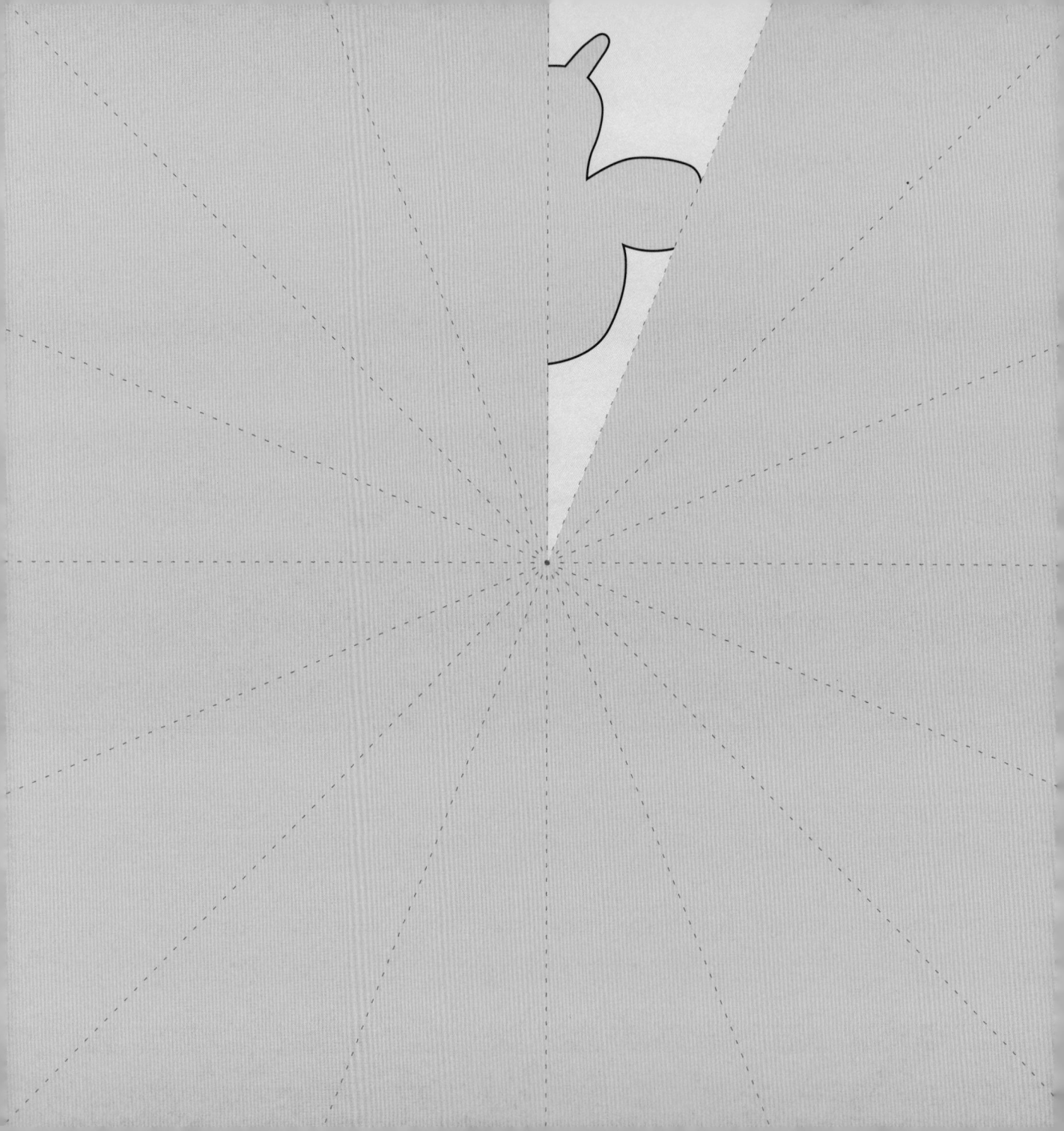

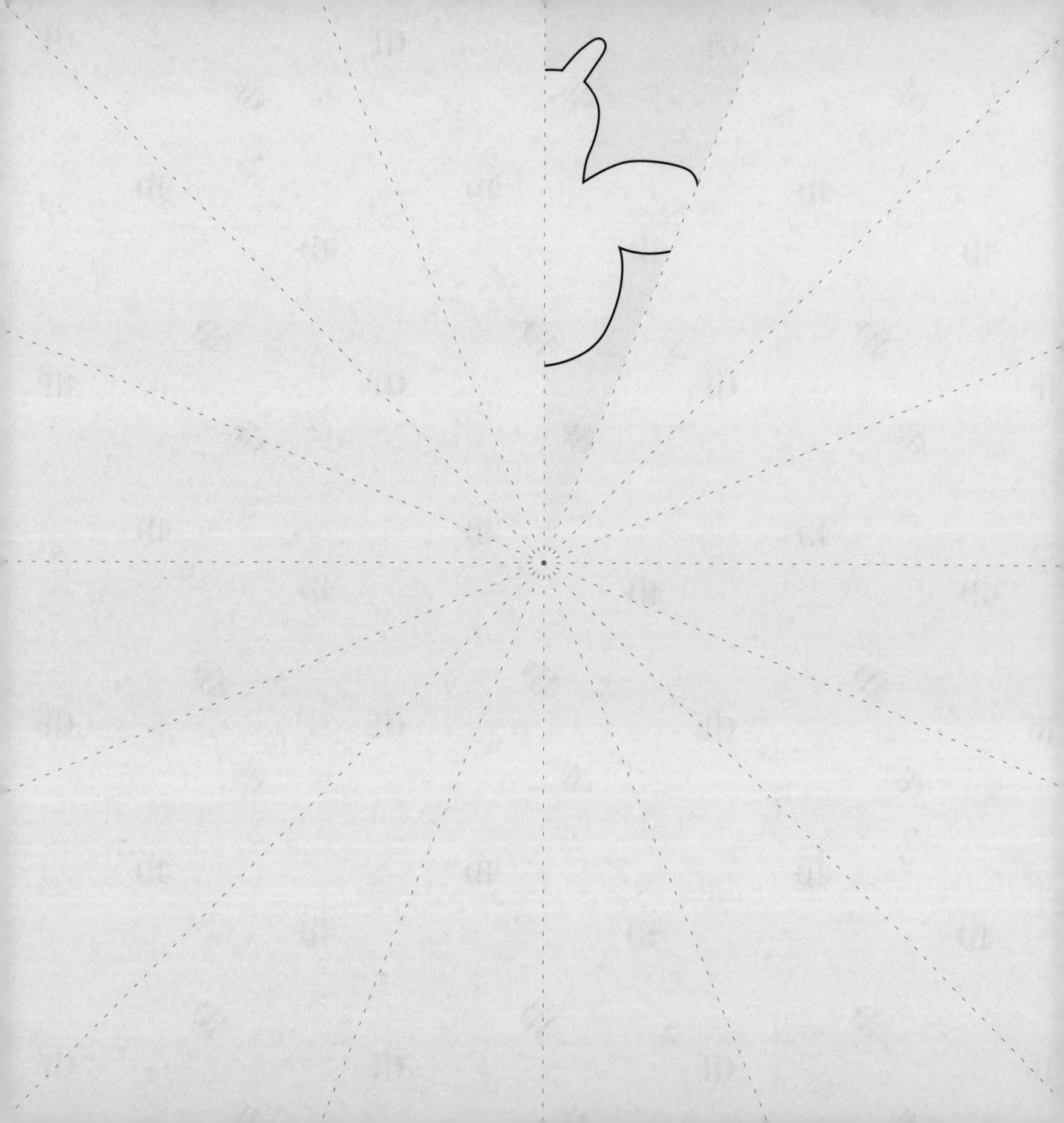

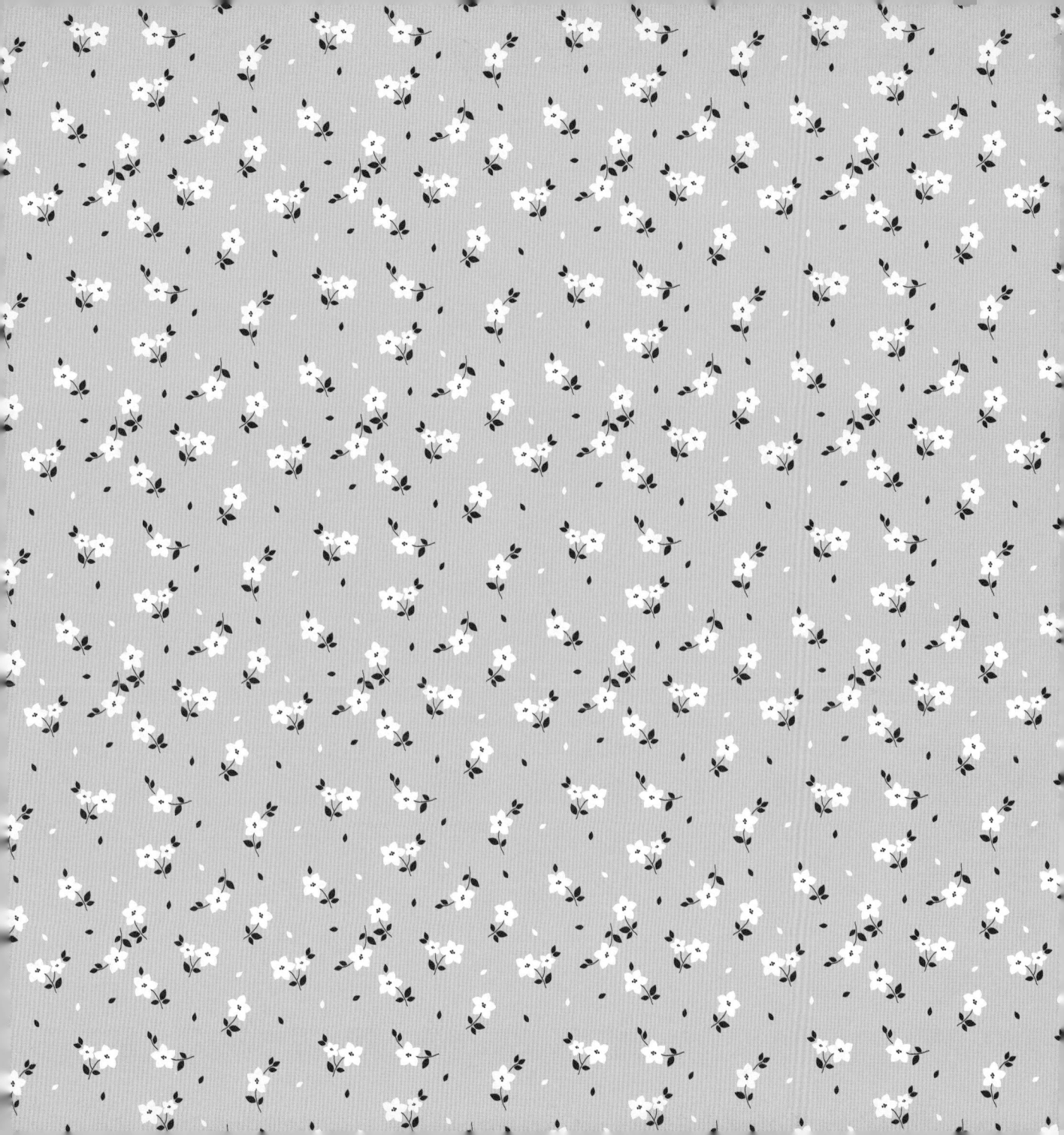

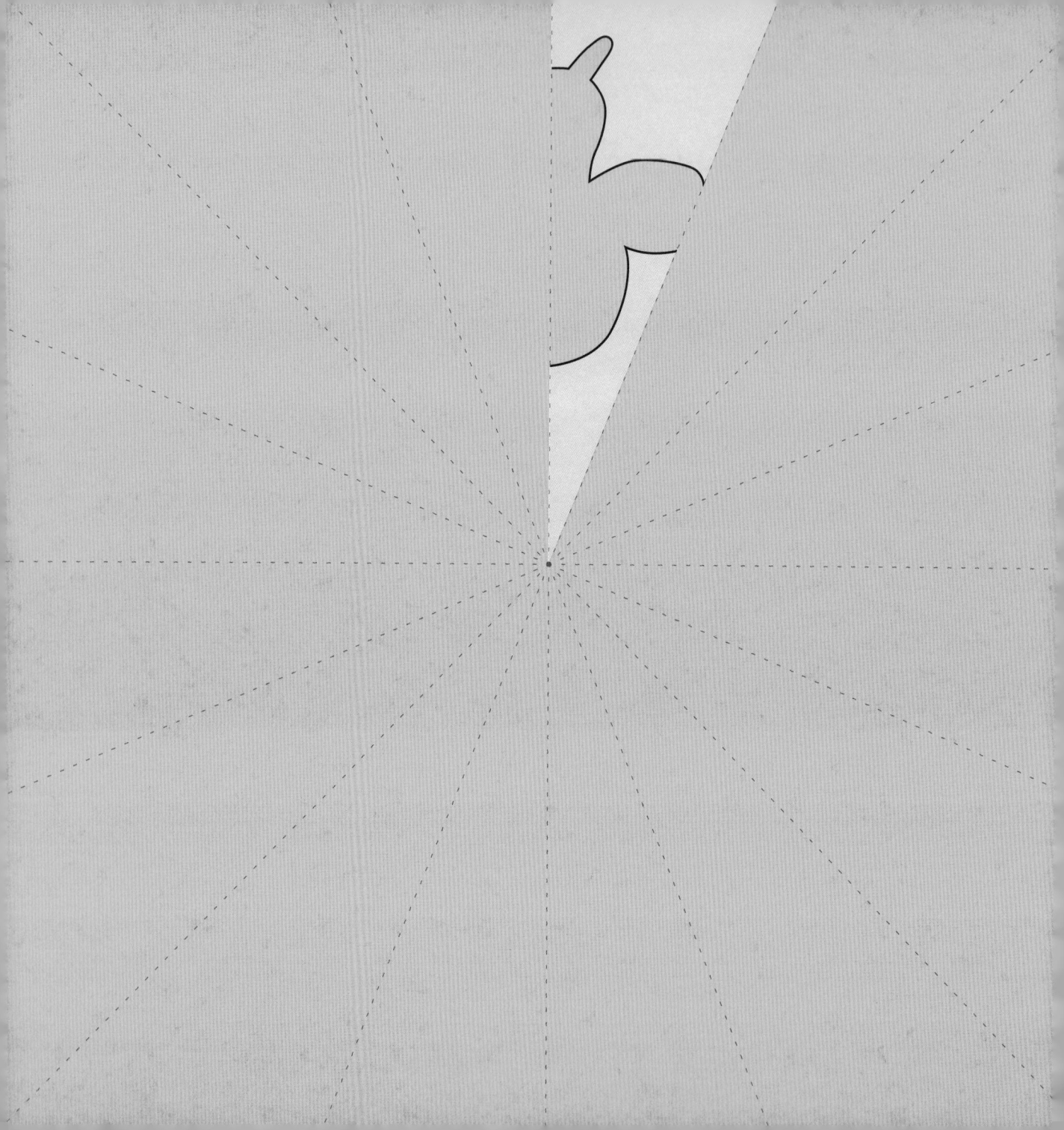

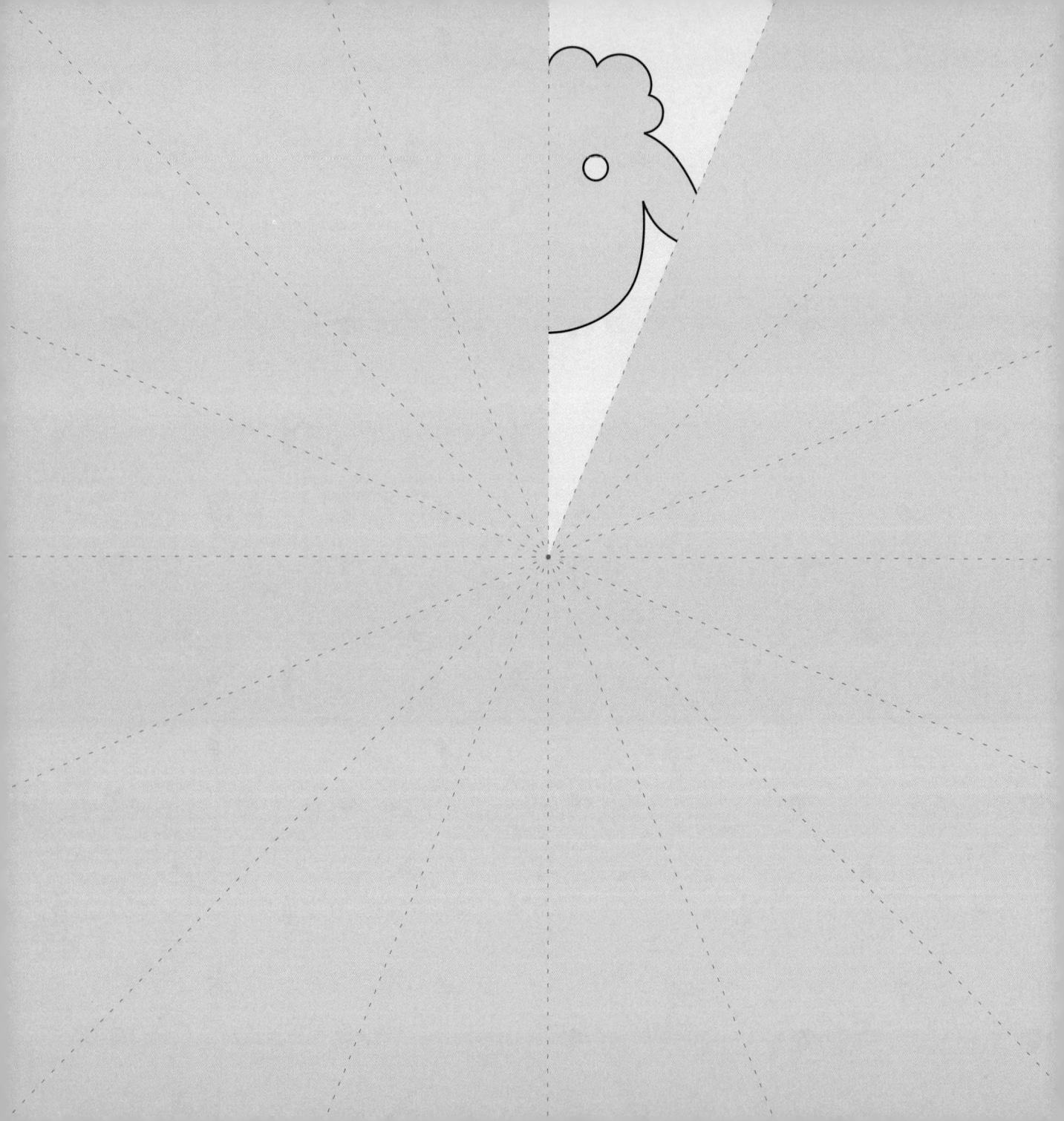

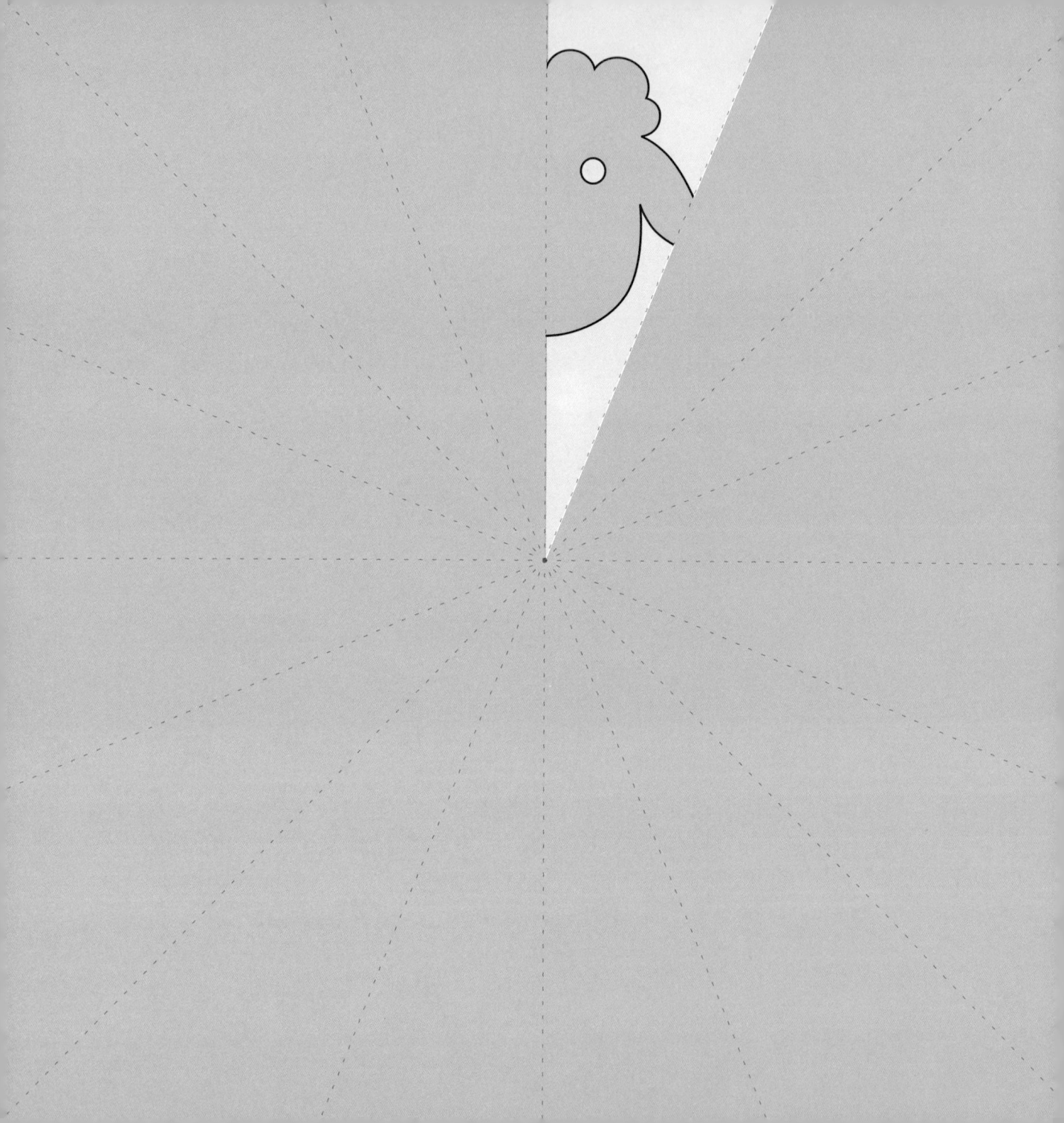

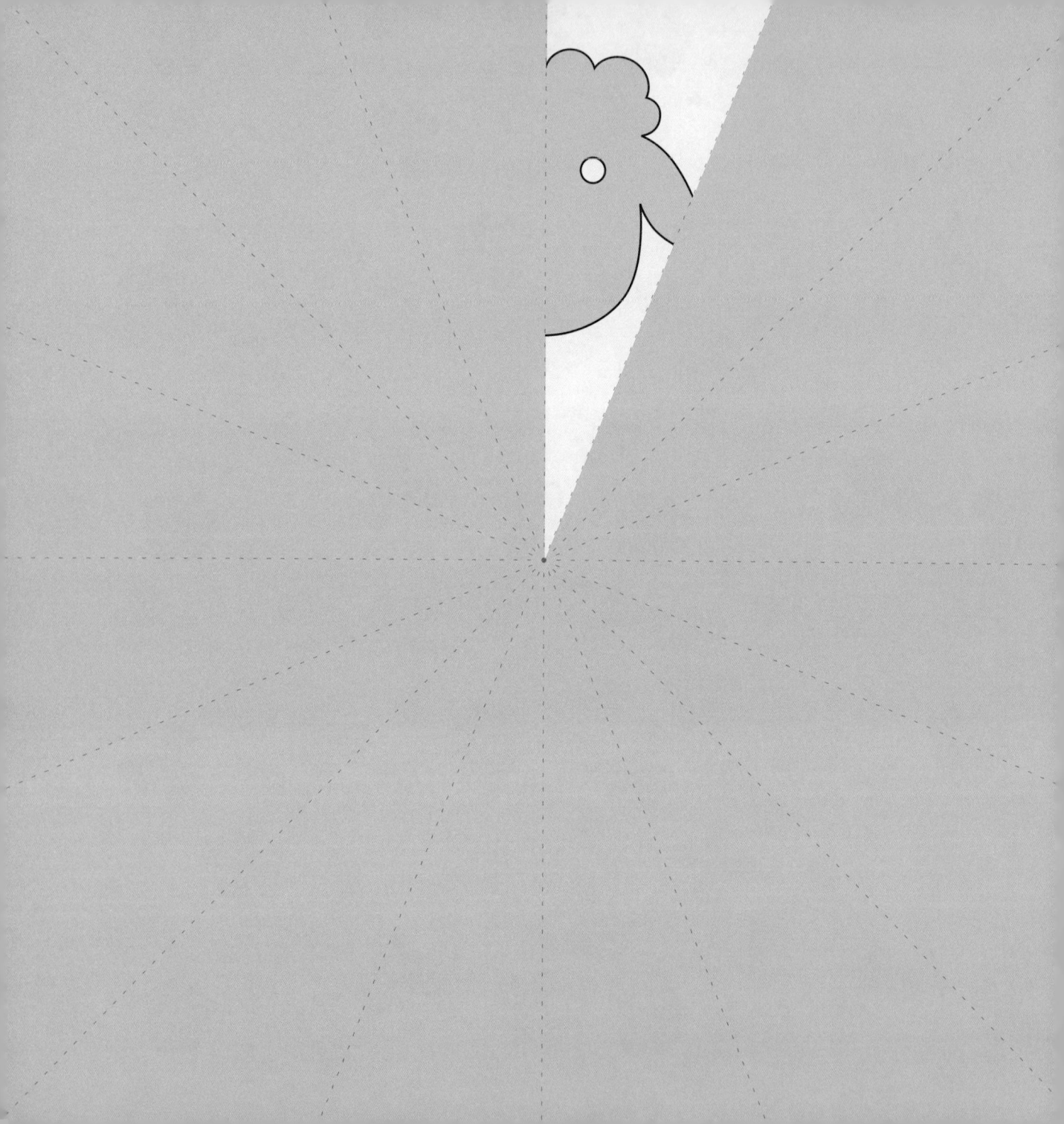

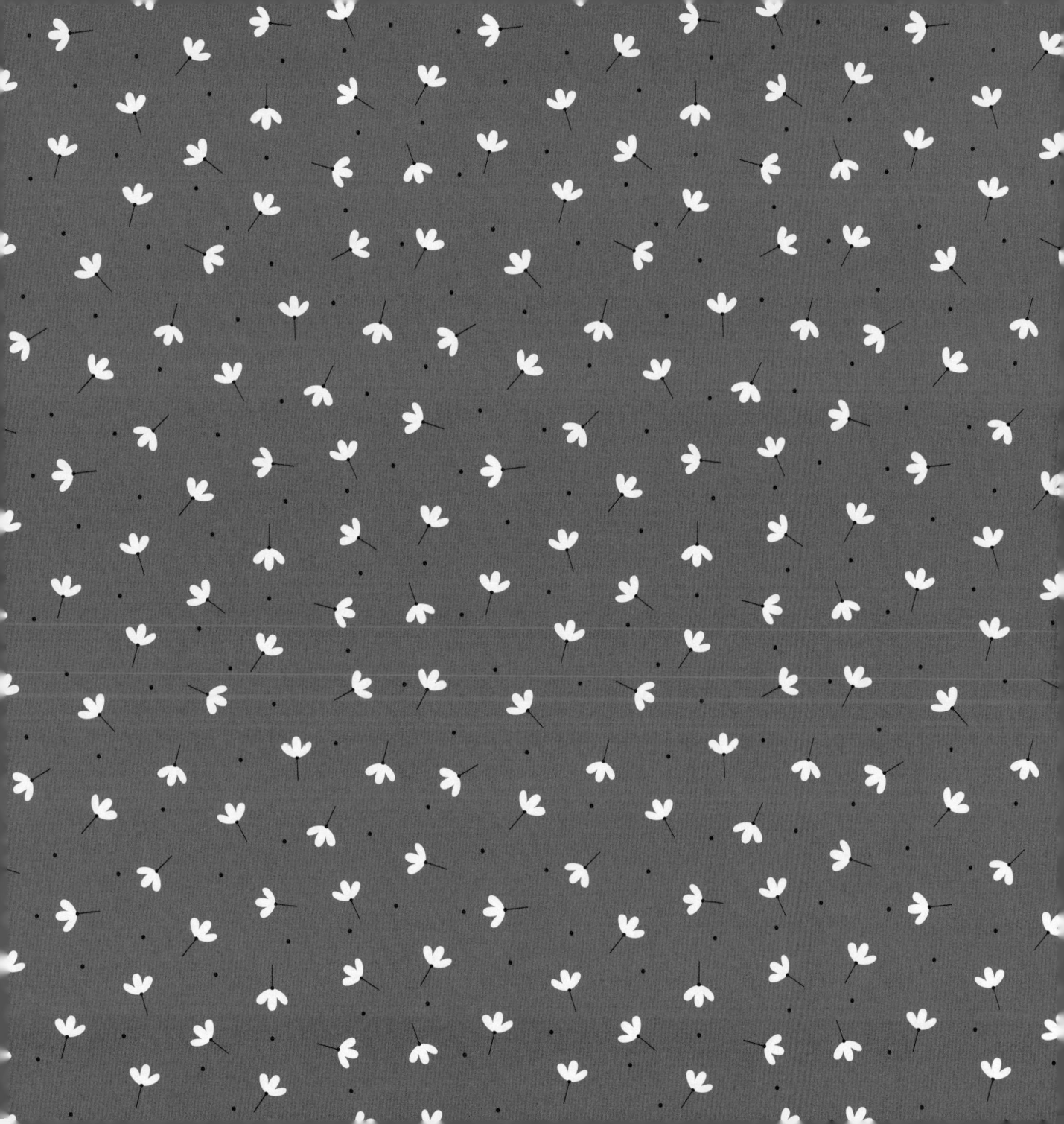